Mauerblume

Das Buch

Ihre Kindheit verbringt Rita Kuczynski in beiden Teilen von Berlin. Der Mauerbau 1961 macht den Osten über Nacht zu ihrer einzigen Heimat. Sie versucht sich durch die Beschäftigung mit Musik und Philosophie eine Nische zu schaffen, später flüchtet sie in eine Ehe. Doch auf der Suche nach ihrem beruflichen und persönlichen Glück stößt die ungewöhnliche Frau immer wieder an die Grenzen des Systems.
Rita Kuczynski erzählt ihre Lebensgeschichte. Sie berichtet von dem Versuch, sich von der Umklammerung durch die Politik zu lösen und selbstbestimmt zu sein.

Die Autorin

Rita Kuczynski, 1944 in Neidenburg/Ostpreußen geboren, besuchte die Meisterschule im Fach Klavier am Konservatorium in Leningrad. Außerdem studierte sie in Leipzig und Berlin Philosophie und promovierte über Hegel. Rita Kuczynski lebt in Berlin.
In unserem Hause ist von der Autorin bereits erschienen:

Staccato

Rita Kuczynski

Mauerblume

Ein Leben auf der Grenze

List Taschenbuch Verlag

List Taschenbuch Verlag 2000
Der List Taschenbuch Verlag ist ein Unternehmen der
Econ Ullstein List Verlag GmbH & Co. KG, München

Umschlagkonzept: HildenDesign, München – Stefan Hilden
Umschlaggestaltung: DYADEsign, Düsseldorf
Titelabbildung: IFA, Düsseldorf
Druck und Bindearbeiten: Clausen & Bosse, Leck
Printed in Germany
ISBN 3-612-65102-1

für David

I

Bei Tisch hat meine Mutter oft erzählt, ich sei ein echtes Urlaubskind, meine Schwester auch. Damit meinte sie, wenn mein Vater im Juni 1943 nicht auf Fronturlaub gekommen wäre, wäre ich nicht im Februar 1944 geboren worden. Sie wollte, falls mein Vater im Krieg fiele, wenigstens ein Andenken von ihm haben. Meine Schwester kam zwei Jahre früher auf die Welt. Mein Vater hatte wegen einer besonderen Tapferkeit in einem Sturmangriff gleich zehn Tage Heimaturlaub bekommen. Weil der Vater bereits 1942 im Krieg hätte erschossen werden können, wollte meine Mutter schon damals ein Andenken. Meine Schwester und ich sind daher nicht nur Urlaubskinder. Wir sind auch Andenkenkinder. Als unser Vater aus dem Krieg zurückkam, hießen wir Kriegskinder. Meine beiden jüngeren Geschwister, die geboren wurden, nachdem der Vater wiedergekommen war, sind Nachkriegskinder geworden.

Ich habe meiner Mutter später vorgeworfen, daß

ihre Gründe fürs Kinderkriegen ziemlich verantwortungslos waren. Zumindest, soweit sie mich betrafen. Schließlich war 1943 auch in Deutschland schon Krieg. Meine Mutter kannte Bombennächte nicht nur vom Hörensagen. Das war, so meinte ich, nicht gerade eine Zeit, Kinder in die Welt zu setzen. Meine Mutter reagierte auf meinen Standpunkt fürs Kinderkriegen stets mit überlegenem Lächeln: Es sei Liebe gewesen, aber davon verstünde ich nichts.

Den heißen Krieg kannte ich nur aus Erzählungen. Bei Familienfeiern wurde oft von ihm gesprochen. Der Vater redete viel von Stalingrad und von der Ostfront, von Hunger und von russischer Gefangenschaft. Onkel Fred hingegen erzählte von der Westfront und von französischen Internierungslagern. Die Geschichten wiederholten sich. Über den Kessel von Stalingrad wußte ich als Kind bald gut Bescheid. Aber eigentlich interessierte er mich nicht. Außer der Vater spielte mit uns heißen Krieg und den Angriff der Russen auf das deutsche Feldlazarett. Dann hatte ich mit meinen Geschwistern einen Sanitätszug zu bilden. Das bedeutete, wir bauten aus den Küchenstühlen Tragen für Verletzte, indem wir die Stühle an den Stuhllehnen mit Schnur zusammenbanden. Wir legten uns nacheinander auf die Tragen und wurden vom Vater und seinem Helfer durch die Wohnung, im Sommer auch über den Hof getragen. Je weniger Zeit unsere Kompanie für die Flucht vor den Russen brauchte, desto besser waren wir auf den Ernstfall vorbereitet und bekamen dementsprechend viele Sahnebonbons. Meine Mutter mochte unser Spiel nicht. Aber sie konnte sich gegen den Vater nicht durchsetzen. Sie konnte sich nie gegen ihn durchsetzen.

Wer im Krieg siegte, habe ich als Kind nie recht verstanden. Die Russen? Die Amerikaner? Von den Franzosen und Engländern wurde weniger gesprochen. Unter Siegermächten konnte ich mir nichts vorstellen. Als ich älter wurde, verstand ich, es gab geteilte Ansichten zum Sieg. Sie hingen mitunter vom Stadtteil ab, in dem die Diskussion stattfand. Im amerikanischen Sektor von Berlin war zu hören und zu lesen, daß ohne die US-Armee alles noch viel schlimmer gekommen wäre, als es ohnehin schon gekommen war, nicht nur für Berlin, sondern für Deutschland überhaupt. In dem von den Russen besetzten Teil hingegen war zu hören, daß die Amerikaner alles verdorben hätten. Was, verstand ich als Kind schon wieder nicht.

Innerhalb der Familie gab es nicht nur geteilte Ansichten über den Sieg. Es gab auch geteilte Ansichten über den verlorenen Krieg. Sie hingen mit den besiegten Deutschen zusammen. Wäre Hitler nicht von lauter unfähigen Generälen umgeben gewesen, hätten wir den Krieg nicht verloren, meinte Onkel Richard. Dann brauchte sich der Deutsche heute nicht zu schämen und stünde nicht als Dämling da. Dann müßte er, der Deutsche, sich nicht herumkommandieren lassen, nicht vom Iwan, auch nicht von Jimmy Black. Das war Onkel Richards ehrliche Meinung. Und er wußte genau, daß er sie eigentlich nicht sagen durfte. Er äußerte diese seine tiefste Überzeugung auch nur, wenn er angetrunken war. Meine Mutter fiel ihm dann ins Wort: Hör auf, Richard, solches Zeug zu reden. Wenn das einer hört. Meist nahm sie dabei die Schnapsflasche aus seiner Reichweite. Onkel Richard war dann auch still. Aber nicht ohne noch zu sagen: Ist doch wahr. Dabei kippte er zuerst seinen Schnaps und dann sein Bier hinunter und sah in eine Ferne, die zu erreichen ich außerstande war.

Um ehrlich zu sein, gingen mich die Geschichten aus dem heißen Krieg als Kind nicht viel an. Ich hatte meine eigenen, und die hingen mit dem kalten Krieg zusammen. Ich wuchs in einer geteilten Stadt auf: Sitz von vier Siegermächten. Jede Macht hatte ihren eigenen Sektor von Berlin, mit eigener Militärpräsenz. Mit der Berliner Stadt-Bahn konnte ich alle vier Sektoren für einen Groschen durchfahren: Achtung, Achtung, hier endet der amerikanische Sektor. Sie verlassen jetzt den französischen und so weiter. Irgendwann änderte sich die Bahnhofsansage: Dann verließ ich den Demokratischen Sektor von Groß-Berlin. Fuhr ich nur lange genug, machte eine Stimme darauf aufmerksam, daß ich, Achtung, Achtung, jetzt den freien Sektor von Berlin verlasse.

Was wußte ich davon? Ich nahm es wie jedes Kind. Ich nahm den freien und den unfreien Sektor als gegeben hin. Die Frontstadt Berlin war meine Stadt. In Berlin lebte beinahe die gesamte Verwandtschaft, wenn auch in verschiedenen Sektoren, was zur Folge hatte, daß die Ansichten über frei und unfrei in ihrer Bedeutung wechselten. Daran gewöhnte ich mich. Das Hin und Her zwischen zwei Welten war also mein natürlicher Lebenshintergrund. Grenze zwischen Ost und West, Demarkationslinie im kalten Krieg. Freund und Feind wechselten von einer S-Bahn-Station zur anderen.

Es existierte eine S-Bahn-Linie, sie hieß Berliner Ring. Das Besondere am Ring war, daß es keine Endstation gab. Die Bahn fuhr endlos durch die unter den Siegermächten aufgeteilten Sektoren. Der Berliner S-Bahn-Ring war meine Lieblingslinie. Mitunter fuhr ich stundenlang vom freien in den unfreien, in den freien Teil. Ich glaube, auf meinen Fahrten mit der Berliner Ring-Bahn bekam ich eine erste Distanz zu Ost und West. Diese Fahrten hatten etwas von Rummel, den Lieblingsspielplätzen meiner Kindheit: Karussellfahren oder Himmel-und-Hölle-Bahn mit ihren glitzernden Lichtern. Nur daß ich bei der Ring-Bahn die Anzahl der Runden – und damit den Zeitpunkt des Ausstiegs – selbst bestimmen konnte, einschließlich der Tatsache, ob ich im freien oder unfreien Teil der Stadt den Bahnhof verlassen wollte. Zur Grundlage für die Entscheidung, frei oder unfrei, machte ich den Ort, an dem ich in die Ring-Bahn eingestiegen war. Die an diesem Ort geltenden Ansichten der jeweiligen Besatzungsmacht über Freiheit nahm ich als gegeben hin. Auf diese Weise lernte ich spielend, mit Definitionen umzugehen, lange bevor sie als Unterrichtsstoff im Fach Mathematik zur Diskussion gestellt wurden. Auch die Selbstverständlichkeit, mit der ich mich später in definierten Räumen der Philosophie zu bewegen verstand, hatte mit meinem Leben in der gespaltenen Stadt und dem ständigen Bedeutungswechsel von »wahr« und »falsch«, »frei« und »unfrei« zu tun. Ich nahm den Wechsel der Werte und ihre Bestimmbarkeit als Normalität hin.

Zu den wichtigsten Wörtern meiner Kindheit gehörten: Freund und Feind, wobei über den Feind mehr geredet wurde als über den Freund. Das fiel mir allerdings erst recht spät auf. In West-Berlin erinnere ich mich, so gut wie nichts über den Freund gehört zu haben, jedenfalls nichts, was sich mir einprägte. In Ost-Berlin wurde mir der Sowjetmensch als Freund angepriesen. Da ich keine Sowjetmenschen kannte, gingen mich diese Freunde nichts an.

Über den Feind hörte ich mehr. Vom Feind wußte ich bald, er war örtlich organisiert. Er befand sich mitunter in der Familie. Ich will sagen: Hielt ich mich in Ost-Berlin auf, war mein Großvater ein Feind, weil er in der CDU war und damit die Amerikaner unterstützte. Hielt ich mich in West-Berlin auf, war mein Ostopa der Feind, weil er in der SED organisiert und russenfreundlich war. Wenn mein Westopa nicht immer etwas Furcht vor meiner Großmutter gehabt hätte, hätte er selbst meine Mutter eine Feindin genannt, weil sie auch in der SED war. Aber das traute er sich nicht. Dafür haßte er meinen Ostopa mehr als nötig, ich meine, er bekam die Portion für meine Mutter einfach mit. Ich konnte an den Feind nicht glauben. Mir war der Feind egal.

Gegen den heißen Krieg zu Hause habe ich mit meiner Schwester trainiert. Ich nannte es das Baggispiel. Bei diesem Spiel ging es darum zu lernen, Schmerzen auszuhalten. Um das zu erreichen, schlugen wir uns gegenseitig oder stachen uns mit Nähnadeln. Dabei trainierten wir, uns den Schmerz nicht anmerken zu lassen, das hieß, nicht zu weinen oder zu schreien. Darauf kam es doch an, nicht zu zeigen, wo und wann es besonders weh tat. Denn ließ ich mir anmerken, wann und wo die Schläge vom Vater weh taten, hatte er es sich für das nächste Mal gemerkt und schlug genau auf diese Stellen. Es war daher das einfachste, den Schmerz zu verstecken, wenn der Vater schlug.

Der Vater war doch in Stalingrad. Da hatte ihn der Feind unvermutet geschlagen. Nachdem er von dort nach Hause kam, schlug er Mutti und uns, vor allem, wenn er betrunken war. Außerdem hatte sich der Vater geschworen, wachsam zu sein und sich nicht noch einmal vom Feind überrollen zu lassen. Deshalb durchsuchte er, wenn wir in der Schule waren, unsere Zimmer. Inspektion nannte er diesen Vorgang, der bedeutete, daß er alle Schubladen, Fächer und Schränke, auch Betten nach Feindmaterial absuchte. Das Feindmaterial konnte ein West-Kaugummi sein oder ein Lackbild, ein Fahrschein, auf dem zu lesen war, daß ich Sonntag um 11.32 Uhr auf der U-Bahn-Strecke Vinetastraße nach Stadtmitte unterwegs gewesen war. Wenn ich dann nach Hause kam, begann das Verhör: Wo warst du am Sonntag von 11.32 Uhr von Pankow hin unterwegs? Wenn ich es nicht wußte, bekam ich Schläge, wenn ich es wußte, bekam ich sie auch, weil er, der Vater, ja nicht erfahre, wo ich mich herumtrieb; weil er nie erfuhr, wo ich sei, weil er ja permanent hintergangen würde. Aber wir sollten ihn nicht für dumm verkaufen. Er bekäme es schon heraus. Derartige Siege des Vaters über einen Fahrschein, einen Kaugummi oder ein eingetauschtes West-Lackbild hielten mich frühzeitig dazu an, das Verstecken zu üben. Da der Vater unsere Zimmer auch durchsuchte, wenn wir dabei waren, merkte ich mir die Stellen im Kleiderschrank oder unter dem Fensterbrett. Mein Versteck mußte raffinierter sein. Es durfte als Versteck nicht erkannt werden. Ich trainierte daher das Versteckspielen mit dem Vater.

Daß meine Mutter meinen Vater nicht zum Teufel geschickt hat, nahm ich ihr lebenslang übel. Ihr Argument, daß er schließlich ihr Mann und unser Vater sei, verstand ich nicht. Was hatte ich damit zu tun. Ihre Beteuerungen, daß sie nicht werden wollte wie ihre Mutter, waren auch nicht überzeugend. Ihre Mutter, meine Westoma, heiratete alle sieben Jahre aufs neue, weil sie entweder die Männer davongejagt hatte oder sie ihr gestorben waren. Meine Mutter hatte keine Chance zu werden wie ihre, schon weil sie so unmusikalisch war. Meine Großmutter war Sängerin, und als solche hatte sie einigen Erfolg. Meine Großmutter war recht unglücklich über die Heirat meiner Mutter. Mein Vater tat ihr leid, aber daß meine Mutter mit ihm ihr Leben zerstörte, wäre nicht Liebe, sondern bodenlose Verstocktheit, sagte sie.

Meine Mutter leistete an meinem Vater, dem Sohn aus der Arbeiterklasse, eine Art Wiedergutmachung der Bourgeoisie an der ausgebeuteten

Klasse. Denn meine Mutter hatte in Ost-Berlin, von wo sie auf keinen Fall wegwollte, den Makel, daß sie nicht aus der Arbeiterklasse, sondern aus der bürgerlichen Intelligenz kam. Sie hatte an meinem Vater daher eine Schuld abzubüßen und mußte immer etwas mehr tun bei ihrem ohnehin schon lobenswerten Einsatz für den ersten Arbeiter-und-Bauern-Staat in Deutschland. Meine Mutter hatte der Arbeiterklasse zu dienen, wie sie sagte. Deshalb war sie auch in der Sozialistischen Einheitspartei Deutschlands. Ich war eifersüchtig und wütend auf die Partei, in der meine Mutter Mitglied war und für die sie bald als Partei-Funktionärin arbeitete. Ich will sagen, meine Mutter und auch der Ostopa hatten nie Zeit für mich, weil sie ständig für das Glück der ganzen Menschheit unterwegs waren. Das war ihnen immer wichtiger als ich, und das kränkte mich. Mein Westopa, der von Ost-Berlin her gesehen ein Feind war, hatte alle Zeit für mich. Vor allem sonntags, nachdem er mit mir aus der Kirche kam. Da war er besonders fröhlich und ausgeglichen. Dafür liebte ich ihn.

Ich lebte mit der Grenze, ich lebte auf der Grenze, ich lebte an der Grenze. Es gab Straßen in Berlin, da gehörte die linke Seite zum Ost-, die rechte zum Westteil der Stadt. Die Volkspolizei Ost durfte nicht auf die rechte Seite der Straße, weil sie dann den demokratischen Sektor von Berlin verlassen hätte. Die Polizei auf der Westseite hatte die gleichen Anweisungen, halt nur von einer anderen Behörde. Viele Kinder machten es wie ich, sie machten ihre Spielchen mit den Polizisten beider Seiten. Sie beschimpften sie und rannten dann auf die andere Seite der Straße, das hieß in den anderen Teil der Stadt, in dem eine andere Besatzungsmacht bestimmte.

Da die Polizisten als Polizisten zwei sich feindlich gegenüberstehenden Mächten dienten, durften sie sich innerhalb ihrer Dienstzeit nicht helfen.

Von einer Straße zur anderen in einer anderen Welt und damit einem anderen Wertesystem angekommen zu sein, hatte etwas Faszinierendes für mich. Plötzlich galten andere Regeln, die zu beherrschen ich bemüht war, um mich in beiden Systemen frei bewegen zu können. Ich machte die Grenzüberschreitungen von einem System zum anderen zu meinem Spiel. Niemand sollte mir ansehen, ob ich aus dem Westteil gerade in den Ostteil oder vom Ostteil gerade in den Westteil unterwegs war. Ich wollte unerkannt bleiben.

Ost- und West-Berlin wurden über die Jahre für mich zwei Bühnen mit unterschiedlichen Spielplänen, Requisiten und Akteuren. Und in gewisser Weise stimmte es ja selbst von den Lichtverhältnissen her gesehen, die zu jeder Bühnenausstattung gehörten. War ich in West-Berlin, leuchteten die bunten Reklameschilder, an denen ich mich nicht satt sehen konnte. Kam ich nach Ost-Berlin, war Licht kein Faktor für die Inszenierung. Dafür gab es überall Losungen und Sprüche für Freiheit und Sozialismus, gegen die imperialistischen Kriegstreiber. Die Geschäfte hießen nicht Bilka oder Wertheim, sondern HO und Konsum. Wenn es dort etwas zu kaufen gab, bildeten sich lange Schlangen vor den Läden.

Zwei Spielstätten mit unterschiedlichen Programmen, das prägte sich mir ein. Dreh- und Angelpunkt der Bühnen waren die Währungen. Also trug ich bald zwei Geldbörsen, eine mit Ost-, eine mit Westgeld bei mir. In der Schultasche schleppte ich andere Symbole mit mir herum. Tennissöckchen für den Besuch bei der Großmutter am Schlachtensee im Sommer. Tennissöckchen und weiße Shorts trugen viele Kinder dort. In den wärmeren Jahreszeiten zog ich mich im Gebüsch um, im Winter in Hausfluren, damit ich am Ort, den ich aufsuchte, aussah wie eine Einheimische. Wenn ich nach Ost-Berlin fuhr und es auf meinen Faltenrock ankam, holte ich ihn aus der Tiefe meines Turnbeutels und wechselte das Kostüm für den Aufenthalt bei den Eltern auf der Bühne Ost-Berlins.

Ost und West zu wechseln, wie man innerhalb einer Wohnung die Zimmer wechselt, mit der Selbstverständlichkeit, über die zu reden sich eigentlich nicht lohnt, weil sie zum Alltag gehört, wie aufstehen und zur Schule gehen, das habe ich als Kind geübt: Mit Leichtigkeit von einem System ins andere zu kommen.

Das System wie ein Zimmer zu wechseln, in dem ein anderes Musikstück in einem anderen Tonsystem gespielt werden muß, hat mein Abstraktionsvermögen frühzeitig entwickelt, hat den Sinn für kontrapunktische Zuspitzungen und deren mögliche Auflösung geschult. Auch deshalb hatte ich wohl ein frühreifes Interesse für den Kontrapunkt als Kompositionsprinzip und liebte Bachs »Kunst der Fuge«.

Wie ich ohne mein Klavier den kalten und den heißen Krieg in Berlin überstanden hätte, weiß ich nicht, erfand ich doch zu meinem geteilten Leben in der Frontstadt ein weiteres. Es kam aus meinem Klavier. Ton für Ton spielte ich mir seine Melodie zu. Oder spielte mir das Klavier die Töne zu? Ich weiß es nicht. Ich wußte es nie. Denn bei Gott und allen Kriegen, die stattfanden in Berlin, hatte ich doch diese Töne. Sie waren geboren mit mir und klangen. Sie nicht zu verlieren war mein innigstes Streben. Denn von Anfang an ahnte ich, verliere ich die Töne, bin ich verloren. Lange Zeit konnte ich das nur nicht ausdrücken, aber ich spürte die Angst, wenn ich sie nicht hörte, weil der Vater so herumbrüllte. Dann fing ich an zu weinen und bat ihn, mir meine Töne nicht zu zerschreien. Wenn er nicht aufhörte, schloß ich alle Türen hinter mir. Ich hielt mir beide Ohren zu und summte mit größter Konzentration meine Melodie in immer neuen Variationen. Ich dachte, je mehr Variationen mir einfielen, desto eher werde ich mich zumindest an eine von ihnen erinnern. Ich summte die Töne und spielte sie so lange auf meinem Klavier, bis sie hell und klar in mir schwangen und ich sicher war, der Krieg draußen vor der Tür werde ihnen und mir nichts mehr anhaben können. Dann machte ich die Tür hinter mir wieder auf. Selbst wenn der Vater neben mir stand, hörte ich nicht mehr, was er brüllte. Ich sah zwar seinen Mund sich bewegen, aber ich hörte nur die Töne und ihre Variationen, die ich erfand.

Meine Großmutter hörte die Töne auch. Sie meinte, sie seien ein Geschenk Gottes. Ich dürfte es auf keinen Fall verlieren, und sie half mir, die Töne zu bergen aus meinem Klavier. Damit ich meine Melodie behielt, finanzierte sie mein Klavierspiel durch Unterricht. Bald lernte ich Klavier überall zu spielen, ob in der Straßenbahn oder im Turnunterricht. Ich machte meine Fingerübungen auf dem Straßenpflaster und an Fensterscheiben, auf den Schulbänken oder in Vaters Kneipen. Ich spielte oder spielte es in mir? Auch das konnte ich nie mit Gewißheit sagen. Bald bekam ich Klavierunterricht an der Musikhochschule in West-Berlin. Die Großmutter finanzierte meine musikalische Ausbildung einschließlich Ballett- und Bewegungsunterricht, denn er gehörte zu einer künstlerischen Ausbildung, sagte sie. Später bekam ich Unterricht in Gehörbildung und Komposition und spielte in der Kinderklasse der Westberliner Musikhochschule.

Als zweites Instrument an der Hochschule lernte ich Orgel. Bald war ich der irdischen Welt ganz verloren und allein mit den Tönen, ihrer Melodie und dem Klavierspiel befaßt. Den kalten und den heißen Krieg hatte ich ausgesperrt und mit ihm die Welt, in der ich herumlief. Ich hatte die Grenze zwischen Ost und West eingetauscht gegen die Grenze der Spielbarkeit immer komplizierterer Klavierstücke. Mit der Bewältigung dieser Stücke öffnete ich mir Tür um Tür zu einer Welt, in der anderes galt. Daß ihr Schlüssel bei mir lag, bei meiner Fähigkeit, ein Musikstück zu spielen, begeisterte mich. Je besser ich spielte, um so eher konnte ich neue Grenzen überschreiten, konnte neue Räume erschließen, in die ich nur hineinließ, wen und was ich hineinlassen wollte: die Klaviersonaten von Bach und Mozart, meine Großmutter und die Winterreise von Schubert, meinen Klavierlehrer und das Wohltemperierte Klavier, Inge, die Flötenspielerin, und Vivaldi. Meinem Vater und allen Lehrern, die herumschrien, versperrte ich die Tür. Ich war fasziniert, daß ich über mein Klavier

»Welt« auszusperren gelernt hatte. Denn ich lernte nicht nur, Türen aufzumachen, ich lernte auch, Türen hinter mir zu schließen. Dann trieb ich mitunter tagelang mit den Tönen umher und war erstaunt, wenn ich wieder auftauchte in der anderen Welt, in der ich mit der S-Bahn zur Schule fuhr oder ein Diktat zu schreiben hatte, auf das ich mich nie konzentrieren konnte. Oder wenn ich bei den Eltern in der Küche saß und schon die fünfte Marmeladenstulle aß, wie mir meine Schwester glaubhaft versicherte. Mitunter hatte ich Schwierigkeiten von der Tonwelt in die Ost-West-Welt zu wechseln. Nicht immer fand ich mich schnell genug zurecht in ihr. Mitunter hatte ich Furcht, aus der Tonwelt nicht zurückzufinden, hatte Furcht, ich könnte mich verlieren im Klang, der sich wie ein konzentrischer Kreis endlos ausbreitete, wobei ich mitschwang auf dem jeweils äußersten Kreis. Wenn die Furcht zur richtigen Angst wurde, weil ich zu weit fortgetrieben war von jeglichem Mittelpunkt, wurde mir unheimlich so allein mit der Musik. Damit die Angst verging, fing ich in solchen Momenten an zu singen und war überwältigt von meiner Stimme, die manchmal allein gegen ein großes Orchester ansang.

Ich hatte es also geschafft, die Welt, in der ich herumlief, zu vergessen. Ich hatte mir über die erste Welt eine zweite gebaut.

Meine Mutter baute auch an einer Welt, sie hatte mit meiner nichts zu tun. Es war die sozialistische Welt, für die sie unermüdlich tätig war. Weil die große Befreiungsschlacht für die Menschheit alle Kraft meiner Mutter in Anspruch nahm, blieb keine Zeit übrig. Da wir trotzdem unsere Ordnung haben sollten, wurden wir innerhalb der Verwandtschaft aufgeteilt. Ich müsse das verstehen, es täte ihr leid, wirklich, sagte meine Mutter, aber der Kampf um die Zukunft der ganzen Menschheit und deren Glück ginge nun mal vor. Ich verstand nicht. Schließlich kannte ich die Menschheit nicht. Aber ich wurde auch nicht gefragt. Meine große Schwester kam zur Ostoma, ich zur Westoma. Und ich verstand sofort, das war ein Glück für mich. Seit 1953 wohnte ich also mit wenigen Unterbrechungen bei meiner Großmutter in West-Berlin. Dort stand mein Klavier, dort fühlte ich mich zu Hause.

Den kalten Krieg hatte ich vergessen. Ich befand mich auf dem Weg, Pianistin zu werden, und überlegte mit meinem Lehrer, was ich zur Hauptprüfung an der Musikhochschule im Fach Klavier spielen sollte, da ich unbedingt in die Meisterklasse aufgenommen werden wollte. Er erklärte mir, warum die Sonaten und Partiten von Bach besser wären für mich als die A-Dur-Sonate Mozarts KV 331, von der ich nicht loskam in jener Zeit. Da schlug der kalte Krieg am 13. August 1961 zu.

Meine Mutter hatte in der Nähe von Berlin ein Sommerhaus gekauft. Es war Brauch, daß ich einige Zeit der Sommerferien bei den Eltern war. Meine Mutter hatte das Bedürfnis, ihre wenigen Urlaubstage auch mit mir zu verbringen. Schließlich sei ich ihre Tochter. Das Argument verstand ich zwar nicht. Aber das Segelboot, das ich nutzen konnte, wenn ich bei meinen Eltern war, reichte hin, um zwei, drei Wochen in Ostdeutschland zu sein.

Ich erinnerte mich erst später, daß es in eben jenem August eine heftigere Auseinandersetzung zwischen meiner Großmutter und meiner Mutter über die Eigentumsfrage gab, wessen Tochter ich eigentlich sei. Sie ging wie immer unentschieden aus, aber meine Mutter setzte sich vorübergehend durch und entschied gegen den Willen meiner Großmutter, daß ich mit ihr die Ferien zu verbringen hatte. Noch beim Frühstück am 11. August fragte mich meine Großmutter, ob ich wirklich fahren wollte, die politische Situation sei so gespannt. Doch ich wollte nichts hören von den Ost-West-Spielen und von Politik. So trieb ich am Sonntag, dem 13. August, auf einem See in Ostdeutschland und erfuhr erst einen Tag später, daß die Mauer stand.

Jahrelang habe ich darüber nachgedacht, ob meine Mutter, die zu dieser Zeit schon eine kleinere Karriere in der stalinistischen Partei gemacht hatte und in der Abteilung Propaganda der SED-Kreisleitung arbeitete, vom Mauerbau wußte. Nie bin ich den Verdacht losgeworden, daß sie mich mit dem Versprechen, das Segelboot ein ganzes Wochenende nutzen zu dürfen, in den Osten gelockt hatte. Wann immer ich später darauf zu sprechen kam, hat sie mit Abwehr reagiert. Sie habe nichts gewußt vom Mauerbau. Nur ihr Klasseninstinkt, wie sie sich ausdrückte, habe ihr gesagt, es läge etwas in der Luft. Es wäre daher besser, mich von West-Berlin zurückzuholen. Wäre ich nämlich »drüben« gewesen beim Mauerbau, meinte meine Mutter, wäre das für ihre Zukunft nicht auszudenken gewesen: eine »republikflüchtige Tochter« hätte sie ihre Stellung gekostet. Schließlich sei ich Verwandtschaft ersten Grades, das hätte gereicht. Ihrem Klasseninstinkt verdankte meine Mutter, daß sie ihre Zukunft behielt: eine bescheidene Karriere im SED-Parteiapparat.

Meine Zukunft indes brach jäh ab. Ich begriff nicht sofort, was geschehen war. Meine Großmutter schickte Telegramme und Briefe. Sie beschwor mich, nicht über die Mauer zu gehen. Sie hole mich heraus. Da meine Großmutter die einzige Autorität war, die ich neben Bach gelten ließ, glaubte ich ihr. Ich spielte weiter auf einem geborgten Klavier, das bald in der Wohnung der Eltern stand, und bereitete mich im Ostteil der Stadt auf die Hauptprüfung im Fach Klavier vor, die ich an der Musikhochschule in Ost-Berlin ablegen konnte.

Die Atmosphäre bei den Eltern war unerträglich. Der Vater tobte, wann immer er nach Hause kam, ich sollte endlich mit dem Geklimper aufhören. Meinen Geschwistern ging mein Spiel ebenfalls auf die Nerven. Meine große Schwester warb bei den anderen Geschwistern um Verständnis für mich, indem sie ihnen klarzumachen versuchte, daß ich nicht ganz richtig sei und deshalb das Geklimper brauche. Sie gab damit auf freundliche Weise die Meinung meines Vaters wieder. Sie hatte immer Mitleid mit mir.

Um die eigentlich nicht zu ertragende Situation bei den Eltern auszuhalten, versuchte ich alles auszusperren, was nicht klang. Ich konzentrierte mich bis hin zur Atmung auf das Stück, das ich spielte. Ich spielte es so lange, bis ich selbst in dem Stück schwang. Ich spielte mich in einen Trancezustand. Ich trainierte mit Erfolg, die Zeitspanne zu verlängern, die ich in einem Stück schwang. In diesen Trancezuständen realisierte ich bald den gesamten Alltag, den ich abgetrennt von mir erledigte. Das Stück, das ich spielte, nicht abbrechen zu lassen, war mein ganzes Streben. Auf diese Weise konnte ich mich dem eigentlich unerträglichen Leben um mich herum entziehen. Beim Sitzen und beim Stehen, beim Rennen und beim Spazierengehen war ich in Gedanken oder direkt am Klavier bald ganz und gar auf meine Stücke konzentriert. Solange ich spielte, kam nichts und niemand an mich heran. Allein, wenn die Melodie in mir abbrach und ich sie selbst auf dem Klavier nicht mehr fand, bekam ich panische Angst. Denn die Welt, die ich nicht wahrhaben wollte, stand plötzlich ganz unverhohlen neben mir und grinste mich an. Dann wurde es so laut um mich, ich hatte das Gefühl, augenblicklich ersticken zu müssen, weil ich vor lauter Lärm keine Luft mehr bekam. Manchmal schaffte ich es noch, während eines solchen Angstzustandes mir die Ohren zuzuhalten und mein Stück zu singen oder ein eigenes Stück zu erfinden. Stundenlang summte ich es dann oder spielte auf dem Klavier. Wenn der Vater kam und mich rüttelte oder ohrfeigte, weil ich nicht aufhörte mit dem Spielen, und ich vor lauter Spiel seine Ohrfeige nicht spürte, wußte ich, ich hatte mit meinem Spiel auch gegen ihn gewonnen. Zufrieden trieb ich dann auf den Tönen, ich weiß nicht wohin. Mutwillig trieb ich mit aller Musik gegen jegliche Rhythmisierung, bis ich die Abstände zwischen Ton und Ton aufgehoben hatte. Kontrapunktisch schlug ich die Töne gegen die Töne und entließ sie spielend aus ihrem Klangraum. Daß sie nicht zurückklangen in die Räume, aus denen ich sie gerade herausgeholt hatte, war mein Bestreben. Mutwillig schliff ich die Töne so lange aneinander, bis sie im ungeschützten Klangzustand auf eine noch nicht gehörte Weise zueinanderfanden. In diesem unerhörten Klangzustand trieb ich dann.

Eines Tages aber trieb ich wohl zu weit. Ich trieb an mir, an allen Tönen und ihren Klangräumen vorbei. Hinter mir schlug unerwartet eine Tür nach der anderen zu. Ich saß in einer Falle und fand nicht mehr heraus. Wenn überhaupt, gingen alle Türen immer nur nach innen auf. Angst trieb mich. Sie jagte einen Schrei, mit ihm war ich so allein, daß ich das Bewußtsein verlor.

Als ich aufwachte, stand eine freundliche Schwester an meinem Bett und fragte, ob ich Mischbrot oder Knäckebrot zum Frühstück möge. Vor lauter Angst fing ich an zu weinen. Sie spritzte ein Mittel zur Beruhigung. Ich schlief wieder ein. In den Wochen, die kamen, lernte ich ruhig zu sein, um keine Spritzen zu bekommen. Ich nahm zur Kenntnis, was mir die Ärzte erklärten, daß mich das Klavierspielen krank gemacht habe, daß ich damit aufhören müsse, wenn ich nicht für immer in der Psychiatrie bleiben wollte. Ich verstand nicht, aber ich hörte meine Töne nicht mehr. Meine Melodie war weg.

Später verstand ich, ich war abgestürzt zwischen den beiden Welten Ost-West. Sie waren nicht mehr zu spielen, ich saß in ihrem Ostteil fest.

2

Mein eher unfreiwilliger Aufenthalt in der Deutschen Demokratischen Republik begann also mit der schrittweisen Entlassung aus der Nervenklinik.

Zunächst waren es Spaziergänge im Klinikpark, stundenweise. Sie wurden als Training zu meiner Wiederbelebung angeordnet. Es folgten Probeentlassungen, vorerst über das Wochenende. Das war mir nicht recht. Denn ich wußte nicht, wohin. Zu den Eltern zu gehen war nicht gerade vergnüglich, zumal der Vater schon immer gewußt hatte, daß ich nie normal gewesen wäre, sonst hätte ich meine Klimperei auf dem Klavier selbst nicht ausgehalten. Daß ich in der Klapsmühle gelandet war, sei daher nur folgerichtig gewesen und allein Schuld meiner Großmutter und meiner Mutter. Sie hätten mir den Klimperkasten wegnehmen müssen, eben weil ich von Anfang an nicht richtig tickte. Aber auf ihn wollte ja keiner hören. Und warum nicht? Weil man ihn ja nicht ernst nehme. Weil man ja denke, er als Sohn der Arbeiterklasse wisse nicht, was los sei. Mit »man« meinte er vor allem meine Großmutter, aber auch meine Mutter. Was mich betraf, habe man wohl genug Schaden angerichtet. Gut, daß damit jetzt Schluß sei.

Zu meinen Geschwistern hatte ich über die Jahre den emotionellen Kontakt verloren, in zu unterschiedlichen Milieus waren wir sozialisiert worden. Da gab es wenig geschwisterlich Bindendes.

Meine Mutter versuchte nett zu mir zu sein. Aber es war ihr peinlich, daß ich aus der Psychiatrie kam. Soweit als möglich versuchte sie, diesen Umstand in der Verwandtschaft zu vertuschen. Klinik ja, aber nicht psychiatrische, gab sie mir zu verstehen. Das brauche ja nicht jeder zu wissen.

Die zweite Phase der schrittweisen Entlassung aus der Klinik bedeutete, daß ich nur noch zum Schlafen in das Krankenhaus zurückkehren mußte. Das war schon besser. Meine Mutter versorgte mich in dieser Zeit großzügig mit Geld. Sie wollte, daß ich nach Hause zurückkäme. Sie wollte es wirklich, glaube ich. Aber ich wollte es auf gar keinen Fall. Ich gab ihr eine gehörige Portion Schuld daran, daß ich nun im Osten, befreit vom Klassenfeind, festsaß. Ich gab ihr auch die größte Schuld daran, meine musikalische Existenz zerstört zu haben. Später verachtete ich sie dafür, daß sie den Vater nicht verlassen hatte, von dem sie sich bis hin zu Schlägen hatte demütigen lassen.

Ich hatte nie sehr viel Lust, mich in die möglichen Gründe meiner Mutter für ihre Entscheidungen hineinzudenken. Bestimmt hingen sie auch mit meiner Großmutter zusammen. Meine Großmutter war eine starke Persönlichkeit: Charme, Klugheit und Ausstrahlung gehörten untrennbar zu ihr. Bestimmt war sie als Sängerin enttäuscht von ihrer einzigen Tochter, weil sie erstaunlich unmusikalisch war. Und bestimmt hatte meine Mutter darunter gelitten, wie sie auch darunter leiden mußte, daß meine Großmutter nun mich statt ihrer gerade wegen meiner Musikalität über alles liebte und Gott dankte, wie sie sagte, daß sie in mir nun doch noch eine Tochter hatte. Ich konnte meiner Mutter gegenüber nie nachsichtig sein. Schließlich hatten weder meine Geschwister noch ich darum gebeten, auf die Welt zu kommen.

Nach der endgültigen Entlassung aus der Nervenheilanstalt ging ich nicht wieder zurück zu den Eltern. Meine persönlichen Sachen fanden Platz in einer Reisetasche, mit der ich durch die zwangsverordnete Heimat zog. Natürlich war ich irgendwo in Berlin polizeilich gemeldet. Keinen festen Wohnsitz zu haben war strafbar. Aber sich irgendwo bei Bekannten anzumelden, ein Namensschild an ihren Briefkasten zu kleben, blieb eine Formalität.

Irgendwer gab mir den Rat, zu einer Berufsberatung zu gehen, weil keine Arbeit zu haben auch strafbar war. Man nannte das asozial. Im Zentrum für Berufsberatung schlug mir ein Berater vor, ehe ich auf die Idee käme, ein Studium aufzunehmen, sollte ich unbedingt einen ordentlichen Beruf erlernen. Weißnäherin zum Beispiel, da gäbe es freie Lehrstellen. Auf meine Nachfrage, was das denn sei, wurde mir erklärt, daß ich in diesem Beruf lernte, Bettwäsche zu nähen. Die Freude in meinem Gesicht muß wohl nicht sehr groß gewesen sein. Daher schlug mir der Berater vor, Gärtnerin zu werden, das sei gut für die Nerven. Feinmechanikerin, dafür hätte ich mit meiner Vorgeschichte als Klavierspielerin auch gute Voraussetzungen. Ich solle mir alles in Ruhe überlegen. Ich überlegte und ging nie wieder zu der Beratungsstelle.

Ich schlug mich durch mit Gelegenheitsarbeiten. Ich brauchte nicht viel in dieser Zeit. Ich hatte kein Ziel, das mir lebenswert schien. Warum ich überhaupt noch lebte und herumlief, verstand ich selbst nicht. Auf die Idee, mein Leben zu beenden, kam ich erst langsam. Ich war sprachlos nach dem Einsturz meiner musikalischen Welt. Mich in einer anderen Sprache als in der der Musik auszudrücken, hatte ich nicht gelernt. Darüber hinaus schienen mir alle anderen Ausdrucksformen, wenn nicht minderwertig, dann zumindest unbrauchbar, jedenfalls für mich. Ich wußte nicht, wie zu sprechen war über das, was geschehen war. Was ich sagte, war unbeholfen und grob. Die Wörter brachten nicht zum Ausdruck, was ich sagen wollte. Ich bekam Angst zu sprechen, weil mir meine Entfremdung unüberhörbar und unverhohlen gegenüberstand.

Wortkarg arbeitete ich am liebsten als Hilfsarbeiterin in Nachtschichten im volkseigenen Glühlampenwerk Narva. Diese Arbeit hatte nichts mit mir zu tun und wurde gut bezahlt. Die Arbeiter tolerierten mich, weil ich meine Arbeit schaffte, trotz meines immer abwesenden Blicks.

In dieser Zeit hatte ich einen kaum zu bändigenden Drang zu stehlen. Wenn ich schon gezwungenermaßen im ersten deutschen Arbeiter-und-Bauern-Staat leben mußte, wollte ich auch etwas davon haben. Schließlich gehörte das Eigentum allen, und so nahm ich mir vom Volkseigentum, was ich zum Leben brauchte.

Etwa zwei Jahre zog ich mit meiner Tasche durch Berlin-Brandenburg. Inzwischen hatte ich Deddi, Maria und Leisten-Paul kennengelernt. Deddi war vor 1961 ein sogenannter Grenzgänger. Er wohnte im Osten und arbeitete im Westen. Sein Lohn wurde gesplittet, 50 Prozent in West, 50 in

Ost. Deddi ging es vor dem Mauerbau finanziell gut. In West-Berlin arbeitete er als Einkäufer für ein Hotel. Manchmal erzählte er, wie er Eier, Butter und Fleisch vom Osten in den Westen verschob und wie alle Beteiligten daran verdienten. Daß er nach dem 13. August 1961 im Osten hängengeblieben war, hatte er nie verkraftet. Deddi hatte einen Lastwagen und eine ungeheure Wut auf die DDR. Diese Wut, eingesperrt zu sein, einte uns. Der Zukunft zugewandt, die vor der Mauer endete, waren wir uns schnell einig, daß wir etwas tun mußten, um unser sozialistisches Glück zu verkraften. Mit dieser Wut organisierten wir den Diebstahl von Holzzäunen.

Ich hatte Deddi über Maria kennengelernt. Maria arbeitete auch im Glühlampenwerk. Wir verabredeten uns immer häufiger zur Nachtschicht. Sie hatte Schulden, wie sie mir später sagte. Maria war beeindruckt von meinem Gehör. Ich konnte ihr nämlich sagen, wann das Band, an dem wir Glühlampen einsortierten, stillstehen würde. Ich hörte es vorher, weil der Antriebsmotor in unregelmäßigen Drehzahlen arbeitete, bevor er kaputtging. Ich sagte ihr dann, gleich könnten wir eine Zigarette rauchen. In diesen Rauch- und Quasselpausen haben wir uns angefreundet. Den Pauschallohn für die Nacht bekamen wir auch, wenn das Band wegen eines technischen Defekts nicht lief. Als ich vertrauter war mit Maria, erzählte ich ihr von den Kopfschmerzen, die ich häufig vom Lärm in den Maschinenhallen bekam. Eines Tages fragte sie, ob ich nicht als Horcherin mitmachen wolle bei dem Diebstahl der Zäune. Das wäre gut für alle. Sie wären nämlich beinahe mal erwischt worden, weil sie die nahenden Spaziergänger nicht gehört hätten. Natürlich müsse ich nicht nur horchen, sondern auch Zäune schleppen. Ich war einverstanden und schleppte mit Maria und Deddi den ganzen Winter lang Schneewachten von den volkseigenen Feldern. Leisten-Paul hatte einen Privatladen für Gartengeräte. In seinem Schuppen strich er die Wachten mit dunkelbrauner Holzbeize zu Zäunen um und verkaufte sie unter der Hand. Gartenzäune aus Holz waren knapp, wie alles in der DDR knapp war. Und die Zahl der Kleingärtner stieg gerade in dieser Zeit. Von dem Erlös der Schneewachten ließ sich leben. So wechselte ich also von der Nachtschicht im Glühlampenwerk zur Nachtschicht bei Deddi. Meine Arbeit bei ihm nahm ich ernster, als ich sie im volkseigenen Werk genommen hatte, weil mein Verdienst im hohen Maße von mir, von meiner Geschicklichkeit und meinen Einfällen abhing.

Als der Winter zu Ende ging, ging auch unsere Saisonarbeit zu Ende. Die Genossenschaftsbauern holten die übriggebliebenen Schneewachten von den Feldern. Deddi und Maria zogen mit ihrem Lastwagen gen Ostsee. Ich hatte etwas Geld gespart und besetzte eine leerstehende Wohnung. Sie war ziemlich heruntergekommen, aber gemütlich. In dieser Zeit lebte ich sehr spartanisch. Ich stahl nur, was ich zum Essen brauchte, und Bücher, vor allem Klassiker: Hölderlin, Schiller, Kleist, Büchner und Eichendorff. Es war das erste Mal, nachdem ich von meiner Großmutter fort war, daß ich wieder las. Hölderlin war schon als fünfzehnjährige mein Lieblingsdichter gewesen, und er sollte es noch Jahrzehnte bleiben.

Der Aufbau-Verlag hatte in dieser Zeit eine sehr gute Klassikerreihe herausgebracht. Ich besaß sie bald komplett. Irgendwer hatte mir einen Band Rilke geschenkt. Ich las Gedichte und Dramen wie eine Süchtige. Über den Sommer gingen meine Ersparnisse am Volkseigentum zu Ende. Das war in der Zeit, da das Fleisch in Berlin mal wieder rationiert wurde. Jeder mußte eine feste Fleischerei wählen, seine Adresse notieren lassen, um Fleisch zu bekommen. Sosehr ich über den Sommer süchtig war nach Gedichten, sosehr bekam ich im Übergang zum Herbst Appetit auf Fleisch. Ich hatte in der Zeit, als ich Klavier spielte, in Prüfungszeiten immer Steaks gegessen. Meine Großmutter schwor auf Steaks gegen Prüfungsstreß, ich glaubte daher an die stärkende Wirkung von Rindersteaks.

Ob zuerst das Fleisch knapp wurde und sich dann mein Hunger einstellte oder umgekehrt, kann ich mit Sicherheit nicht sagen. Auf jeden Fall waren zwei Pfund Fleisch in der Woche, oder etwas mehr, zuwenig für meinen Hunger, der so plötzlich über mich gekommen war. Ein Schild in einer privaten Fleischerei: »Suche Verkäuferin« brachte mich auf die Idee, hier meinen Hunger loswerden zu können. Ich ging in den Laden und sagte, daß ich als Verkäuferin arbeiten wollte. Der Fleischermeister besah mich von oben nach unten nach oben. Ich war sehr dünn zu dieser Zeit. Ich glaube, der Meister war sich einen Augenblick lang unsicher, ob ich ihn veralbere. Ich wiederholte mein Angebot mit dem mir möglichen Ernst. Daraufhin sah er sich meine Hände an. Er wollte sehen, ob ich auch zupacken könnte. Ich sagte nichts von der Klavierspielerin. Ich packte zu. Er stellte mich ein. Er zeigte mir die Handgriffe, die ich brauchte, damit ich mir nicht die Finger abschnitt beim Rouladenschneiden. Er zeigte mir, wie ich mit Beil und Knochen umzugehen hatte und wie mit dem Wurstmesser. Dann ließ er mich in Ruhe. Er belästigte mich nicht mal sexuell. Ich war ihm zu dünne, wie er sagte. Er erlaubte mir auch deshalb, soviel Fleisch und Wurst zu essen, wie ich wollte. Natürlich nur während der Arbeitszeit. Für das Wochenende gab er den beiden anderen Verkäuferinnen und mir immer etwas Feines mit für den Sonntagsbraten, wie er sagte.

Als Verkäuferin in einer privaten Fleischerei hatte ich mein erstes ordentliches Arbeitsverhältnis im Arbeiter-und-Bauern-Staat.

Nachdem ich durch Rindfleisch und Koteletts tatsächlich wieder zu Kräften gekommen war, gingen mir der Winter und meine Arbeit in der Fleischerei bald derart auf die Nerven, daß ich Depressionen bekam. »Hundert Gramm Jagdwurst, 100 Gramm Leberwurst und 150 Gramm Thüringer im Stück.« – »Rinderfilet haben wir nicht.« In Gedanken: Jedenfalls nicht für Sie. »Aber Kaßler Rippchen haben wir, die sind sehr schön. Fragen Sie mal Freitag nach. Freitag kommt neue Ware. Vielleicht ist da etwas dabei ...« Das tägliche Einerlei. Immer die gleichen Handgriffe, Gespräche, die gleichen Kunden und Kommentare der Verkäuferinnen. Was ging mich das an? Das konnte nicht das Leben sein, jedenfalls nicht für mich.

Aber ich weigerte mich, mich mit den Verhältnissen auseinanderzusetzen, in denen ich lebte. Ich lief, als hätte ich selbst eine Decke über mich geworfen, die mich unsichtbar machte, auch vor mir selbst. Es war eine Art Dämmerzustand, in den ich gefallen war. Ich wollte nichts wissen von der DDR, von Politik und vom sozialistischen Tralala. Ich las auch keine Zeitung zu jener Zeit. Die Zeitungssprache erzeugte Brechreiz in mir.

Meine eigene Leere machte mir sehr viel angst. Mit dieser Angst nahm ich eines Tages all die Pillen, die mir die Psychiater über Monate verschrieben hatten und die ich nicht genommen, wohl aber gesammelt hatte. Ich wachte in einem Krankenhaus auf. Die Station, auf der ich lag, hieß Reanimation. Mein Bett war umstellt von blauen Sauerstofflaschen. Ich fühlte mich elend und war wütend auf die Ärzte und Schwestern, die um mein Leben kämpften, wie sie sagten. Was ging sie mein Leben an? Ich wollte es beenden, und sie hatten kein Recht, sich da einzumischen.

Als ich aus der Klinik entlassen wurde, hatte ich wieder keine Wohnung. Auf den Spaziergängen durch die Klinik aber hatte ich die Aushänge gelesen: »Suchen Krankenschwestern und Hilfsschwestern. Unterkunft im Schwesternwohnheim möglich.« Ich ging zur Personalabteilung und bewarb mich. Zwei Tage später fing ich auf einer chirurgischen Station als Hilfsschwester an. Ich trug Essen auf und ab, lernte Betten bauen und Steckbecken desinfizieren. Bald hatte ich gelernt, was zu lernen war als Hilfsschwester.

Wieder waren da diese Leere in meinem Kopf und die Angst. Ich versuchte ein zweites Mal, mich umzubringen. Als ich in der Reanimation aufwachte, die gleichen Ärzte und Schwestern an meinem Bett sah, die mich »ins Leben« zurückgeholt hatten, schwor ich mir bei den blauen Sauerstoffflaschen an meinem Bett, hier nicht noch einmal zu landen. Nicht nur, weil ich auch hier in der medizinischen Reihenfolge der Wiederbelebungsmaßnahmen Routine befürchtete. Ich verstand, wenn auch nur undeutlich, daß ich nicht wirklich sterben wollte. Die Sinnfrage allen Lebens und Seins stellte sich zum ersten Mal mit großer Heftigkeit ein. Mit ungeheuerm Eifer ging ich ihrem WARUM, WESHALB, WOZU bald nach, um Antworten auf diese Fragen zu bekommen.

Ich zog zu Alex. Ich hatte ihn in einer Nachtbar kennengelernt. Ich suchte sie ab und zu auf, wenn ich nicht schlafen konnte, weil meine diffusen Nachtängste so groß wurden.

Alex träumte von Motorrädern, Autos, von raffinierten Plattenspielern und modernen Radios. Alex dachte sehr konkret und bastelte immer an irgendeinem Motor oder an einem Radio. Er war Elektroingenieur. Mit meinen abstrakten und lyrischen Sinnfragen konnte er nichts anfangen. Er liebte den Wald, nicht Eichendorffs Gedichte über den Wald. Wir zelteten viel und segelten. Er nahm mich mit in den Segelklub, den er über die Betriebsgewerkschaft nutzen konnte. Alex führte mich zurück in die Natur: zum Pilzesammeln – Pilzetrocknen, zum Beerensammeln – Marmeladekochen. Vorräte schaffen für den Winter. Wenn ich ihn fragte, für welchen Winter, wir seien doch schon tief in ihm, sah er mich verständnislos an.

Alex war gut zu mir. Für große Liebe fehlte es mir an Kraft. Aber daß ich nicht mehr alleine war, auch nachts, wenn die Angst aufstand und mich mitnahm auf ihrem Schrei, daß ich mich festhalten konnte in solchen Momenten an Alex und seinen Atem spüren, beruhigte mich.

In dieser Zeit kümmerte sich wieder meine Mutter um mich. Es tat ihr leid, daß ich versuchte, mich umzubringen. Schließlich liebe sie mich, sagte sie. Und es war ihr auch unangenehm, weil ich schließlich ihre Tochter war, die nicht einsehen wollte, daß ich, wie alle anderen auch, im sozialistischen Vaterland eine enorme Chance hätte, wenn ich nur wollte …

Selbstmordversuche waren nicht vorgesehen in der Ideologie des sozialistischen Glücksprogramms und daher moralisch nicht zu rechtfertigen. Schließlich gehörte dem Sozialismus die Zukunft und mir daher auch. Daß ich nicht einsah, welch ein Glück es für mich sei, an der besseren Zukunft der Menschheit teilnehmen zu können, sei allein meine Schuld. Ich sei verstockt, so meine Mutter. Ich wollte ihr weh tun, das sei der tiefere Grund für meine Trotzreaktionen. Als ich ihr klarzumachen versuchte, daß mir mein sozialistisches Leben hier auf die Nerven ginge, daß mich Routinearbeit fertigmache, daß ich an Stumpfsinn zugrunde ginge, versprach sie mir, sich um eine Arbeit für mich zu kümmern, in der ich Erfüllung fände, wie sie sagte. Und sie kümmerte sich auch tatsächlich. Ich wurde als Kulturfunktionärin in einem großen Krankenhauskomplex eingestellt.

Meine Mutter hatte das über die SED-Kreisleitung des Stadtbezirks eingefädelt. Sie selbst galt als Garant meiner politischen Zuverlässigkeit und sprach von dem großen Vertrauen, das sie für diese Stelle in mich gesetzt habe und von einem Risiko, das sie da eingegangen war. Ich sollte sie daher nicht enttäuschen. Natürlich begriff ich erst viel später, daß hier ein familiäres Vererbungsprinzip zur Anwendung gekommen war: Die politische Zuverlässigkeit meiner Mutter wurde auf mich übertragen, ohne daß meine wirkliche Eignung in Betracht gezogen worden war.

Die einzige Bedingung, die ich bei dieser Stellenvermittlung zu erfüllen hatte, galt einer Formsache, nämlich, dem Freien Deutschen Gewerkschaftsbund beizutreten. Ich besprach den Eintritt mit Alex. Er fand nichts weiter dabei, in den FDGB einzutreten. Er sei selbst Mitglied dort, schon wegen des Segelklubs. Außerdem bekomme man billig Ferienreisen über die Gewerkschaft. In dem Eintritt sähe er keine Hürde. Ich vergäbe mir nichts dabei. Ich trat also dem freien Bund bei und war plötzlich Kulturfunktionär in einem großen Krankenhaus. Für Ärzte und Schwestern sollte ich sozialistische Kultur organisieren. Was wußte ich davon. Ich griff zurück auf das, was ich kannte. Ich organisierte als erstes ein Konzert des Ärzteorchesters im Krankenhaus am Vorabend zum 1. Mai: Händel, Bartok, Brahms. Mit den Ärzten kam ich gut aus, die Fragen, die wir hatten, waren vornehmlich musikalischer Art. Neben Konzerten organisierte ich Tanzveranstaltungen. Lesungen standen auch auf dem Programm. Sie wurden mit der Gewerkschaftsbibliothek gemeinsam vorbereitet.

Die Programmanschläge der Ortskirche zu wöchentlichen Orgelvespern brachten mich auf die Idee, mit dem Pfarrer zu sprechen, ob wir nicht eine Reihe barocker Orgelkonzerte veranstalten könnten. Er war sehr angetan von der Idee. Ich hatte keine Ahnung, daß ich mit der Kirche nicht gemeinsame Sache machen durfte. Das erste Orgelkonzert fand an einem Freitag statt. Es wurden Bach und Buxtehude gespielt. Die Kirche war überfüllt. Als zwei Tage später der Organist krank war und nicht zum Gottesdienst spielen konnte, klingelte der Pfarrer in aller Frühe bei Alex und mir. Er fragte, ob ich nicht ausnahmsweise die Orgel spielen würde. Ich hatte ihm davon erzählt, daß ich in der Hochschule Orgel als Zweitfach hatte. Verschlafen, wie ich war, konnte ich nur ja sagen. Er wartete, bis ich mich angezogen hatte, dann fuhren wir in seinem Trabant zur Kirche. Daran, daß ich als erstes den von Bach für die Orgel bearbeiteten Choral »Wachet auf, ruft uns die Stimme« spielte, erinnere ich mich genau, auch weil ich selbst noch mit der Morgenmüdigkeit zu kämpfen hatte.

Am Tag darauf wurde ich zum Ärztlichen Direktor des Krankenhauses bestellt. In seinem Zimmer warteten der Gewerkschaftsvorsitzende, der FDJ-Sekretär und der Parteisekretär des Krankenhauses auf mich. Welche Stimmen denn da aufwachen sollten, war die Begrüßungsfrage. Ob ich nicht wisse, daß der Gegner gerade heutzutage in den Kirchenbänken säße? Als ich eine erste Erklärung versuchte, daß ich auf einen Gegner so früh am Morgen nicht gekommen sei, außerdem sei der Choral vor mehr als zwei Jahrhunderten geschrieben worden und also kein Kampflied, unterbrach mich der Parteisekretär: Es wäre ein Skandal, daß ich zum Gottesdienst in der Kirche spielte. Ich sei hier Gewerkschaftsfunktionär, das hätte ich anscheinend bislang nicht begriffen. Ob ich politisch nicht bei Verstand sei? Das war ich in der Tat nicht und verstand daher den Grund der ganzen Aufregung nicht. Auf meine Frage, wo ich denn sonst Orgel spielen sollte, schließlich stünden Orgeln nun mal in Kirchen und nicht in Gewerkschaftshäusern, bekam der Krankenhausdirektor einen Tobsuchtsanfall. Er sprach von einer politischen Provokation ohnegleichen. Als ich versuchte zu erklären, daß sich Bach, soweit ich wisse, für Politik einen Dreck interessiert hätte, verwies er mich des Zimmers. Ich flog aus der eben erworbenen Stellung.

Zunächst einmal hatte ich wieder keine Arbeit, dafür aber ein Mitgliedsbuch des Freien Deutschen Gewerkschaftsbundes. Alex tröstete mich damit, daß solch eine Mitgliedschaft ruhen könne, ich aber bei einer von ihm beantragten FDGB-Reise trotzdem den gewerkschaftlichen Rabatt bekäme. Den Segelklub könnte ich bei ruhender Mitgliedschaft auch nutzen. Das waren die sachlichen Kommentare eines Elektroingenieurs, die ich an Alex so sehr mochte.

3

Die Lust auf ein Angestelltenverhältnis war mir wieder einmal vergangen. Ich zog mich zurück und jobbte im Glühlampenwerk. Wenn keine besonderen finanziellen Ausgaben wie Urlaub oder Wintermantel anstanden, reichten zwei Nachtschichten in der Woche. Das Leben in der DDR war billig, wenn man von allen bürgerlichen Differenzierungen des Geschmacks absah. Und die bürgerlichen Standards, die an Essen, Trinken, Wohnen und an Kleidung geknüpft waren, hatte ich ohnehin längst als Krimskrams verworfen. Essen hatte ich zur Nahrungsaufnahme degradiert, wobei ich mich an die sogenannten Grundnahrungsmittel hielt, wie sie von den DDR-Behörden so treffend benannt wurden. Diese Grundnahrungsmittel gab es beinahe gratis, das Wohnen auch. Die Mieten hatten eher einen Symbolwert. Eine Neubauwohnung mit Bad, Warmwasser und Zentralheizung war von Familien mit Kindern sehr begehrt. Daß diese Wohnungen im Lego-Baukasten-System des Plattenbaus gebaut waren, wurde seiner Eintönigkeit wegen, wenn überhaupt, nur von Intellektuellen bemäkelt.

Dieses Erlebnis, daß Essen, Trinken und Wohnen nahezu gratis sein können, wenn man von allem anderen absieht, gehört zu meinen wichtigsten Erlebnissen in der DDR. Im einfachen Wortsinn konnte in der DDR niemand verhungern, nicht einmal aus Protest. Man konnte schlecht essen und wohnen, aber wenn jemand auf der Parkbank schlafen wollte oder gar auf irgendeinem Bahnhof, wurde er von der Polizei aufgegriffen und kam unter das polizeiliche Obdach.

Doch daß der Mensch nicht vom Brot allein lebt, war nicht erst seit Brecht bekannt. Einen Teil dessen, was der Mensch außer einem Obdach noch brauchen könnte, schwirrte an den DDR-Bürgern allabendlich auf der Mattscheibe in der Reklamezeit des Westfernsehens vorbei. Zunächst in Schwarzweiß, später in Farbe. Ich erzog mich in dieser Zeit zur Bedürfnislosigkeit gegenüber den alltäglichen Dingen. Dafür konsumierte ich, wie viele Intellektuelle im »Leseland DDR«, Bücher.

Ich wog mein spartanisches Leben auf mit dem Konsum philosophischer Literatur. Gierig verschlang ich ein Buch nach dem anderen: Heidegger, Nietzsche und Sartre. Alex' Schwester hatte gerade diese Philosophie vor dem Mauerbau kontinuierlich gekauft. Zunächst aber las ich wie gebannt Heideggers »Holzwege« und war begeistert von jedem neuen Satz, den ich mir eroberte. Ich verstand nicht viel von dem, was ich las. Aber ich war getroffen von dem Rhythmus der Heideggerschen Sprache. Und mit jedem Satz traf er mich erneut, versetzte mir einen Schlag und schürte die Angst. Ja, die Panik war es, die sich angestaut hatte, und die Verzweiflung, die keinen anderen Weg aus mir fand als den der Selbstzerstörung. Für eben diese Existenzpanik gab es bei Heidegger bereits einen sprachlichen Ausdruck. Meine verrückte Angst hatte also einen Ort auch außerhalb von mir. Sie war kommunizierbar. Insofern beruhigten mich Heideggers Sätze auch, selbst wenn sie mich immer tiefer in die Verzweiflung trieben. Auszudrücken, was geschehen war, und die eigene Leere durch Sprache zu überbrücken war die Absicht, die ich so erst wieder auszudrücken vermochte, als ich Sprache schon wieder gefunden hatte.

Alex mochte meine Nachdenklichkeit, zu der er keinen Zugang hatte. Sie brachten mich in die Nähe seiner älteren Schwester, die er über alles liebte. Alex fühlte sich auf eine unheimliche Weise von metaphysischen Fragen angezogen, hatte aber, bis er mich kennenlernte, eine Distanz zu ihnen halten können, auch weil seine Schwester ge-

genüber dem jüngeren Bruder Distanz wahrte, wozu ich in gar keiner Weise fähig war.
Neben Heidegger las ich Hölderlins »Hyperion«. Ich las ihn täglich, wie eine Bibel. Die Trauer um unwiederbringlich Verlorenes, die aus jeder Seite seines Romans sprach, brachte mir die Gewißheit, daß ich mit einem Verlust nicht allein war. Eher zufällig griff ich in dieser Zeit auch zu einer Taschenbuchausgabe von Hegels »Phänomenologie des Geistes«, die ich bei Alex' Schwester fand. Es war das erste Buch, das ich von Hegel las. Der Rhythmus, in dem Hegel schrieb, war mir vertraut, die Satzmelodie bekannt. Sie erinnerte mich an Bach, genauer an die Struktur der Bachschen Fuge, an die Schrittfolge der Verknüpfung von Ton und Ton und daran, daß die Auslassung eines einzigen Schritts die ganze Komposition zum Einsturz zu bringen vermochte. Ja, an die »Kunst der Fuge« wurde ich beim Lesen der Hegelschen Sätze erinnert. Endlich widerschien da etwas aus meiner zerbrochenen musikalischen Existenz, das mir vertraut war, ein Rhythmus, ein Klang, an denen ich festhalten wollte, unbedingt. Ich war übervoll von Erlebtem und konnte die Erfahrung des Lebensbruchs dazugeben, mußte sie dazugeben, denn irgendwie mußte ich, um weiterzuleben, mit dem fertig werden, was ich erlebt hatte. Läßt sich der Bruch berechnen, entsteht die Chance, nie wieder durch alle Raster ins

Bodenlose zu fallen. Wenn es Regeln für Kontinuität gab, gab es auch Regeln, die ihren Abbruch berechenbar machten.

Ich hatte also endlich eine Frequenz gefunden, in der Kommunikation versucht werden konnte, Verständigung, die meine Sprachlosigkeit vielleicht aufzuheben vermochte. Weitab von der wirklichen Welt, in der ich herumlief, hörte ich eine Wellenlänge, die für mich kommunizierbar schien. Den Heideggerschen Satzrhythmus setzte ich gegen den Hegels. Daß bei Hegel der Bruch nicht Abbruch war wie bei Heidegger, ließ mich immer wieder aufhorchen. Das war eine Art Trance, in die mich diese Sätze versetzen konnten. Entrückt vom Alltag, ging ich in meine Nachtschichten zum Glühlampenwerk und packte die Glühbirnen in ihre blauen Pappschachteln und war mit Sein und Nichts beschäftigt.

Ich hatte ein mir verträgliches Maß zwischen Bandarbeit und Existenzphilosophie gefunden und war einigermaßen im Lot mit mir, da trat Alex' Schwester auf mich zu. Sie meinte, ich hätte nun wohl genügend Kraft geschöpft, um es doch noch darauf ankommen zu lassen, einen ordentlichen Beruf zu erlernen. Sie habe sich in der Medizinischen Fachschule des Krankenhauses erkundigt, in dem sie als Medizinische Assistentin arbeitete. In jenem Jahr waren noch Studienplätze für den Beruf als Diätassistentin frei. Ich sollte mich doch bewerben. Da Alex ihre Meinung teilte, schaute ich mir an, um was es ging. In einer Lehrküche der medizinischen Schule wurde mir der Beruf praktisch vorgeführt: In unzähligen kleinen Töpfen wurden Essen für Leberkranke, Gallendiäten, Brei für Magenkranke und Schonkost für Nierenpatienten angerührt. Schülerinnen mit weißen Haarnetzen versuchten ihre Suppen.

Die Idee, ab September auch vor solchen Töpfchen zu stehen und salzarme Diäten zu rühren, mobilisierte meine tatsächlich wiedergekehrten Lebenskräfte. Energisch kümmerte ich mich um einen Studienplatz im Fach Philosophie. Alex war nicht begeistert. Er wollte, daß ich einen ordentlichen Beruf erlernte. Ordentlich war für ihn, was seine Schwester tat, wenn ich nicht wie er ein Ingenieurstudium auf mich nehmen wollte. Meine Neigung zur Mathematik hatte er längst herausgefunden.

Ich blieb bei der Philosophie. Alex' Schwester verstand mich und half. Sie kannte jemand in Leipzig, der jemanden in Leipzig kannte, und der wieder kannte den Dekan der Philosophischen Fakultät. Eben diesem Dekan erzählte ich von dem traurigen Niedergang meiner musikalischen Existenz. Da er selbst musisch interessiert war und eine Schwester hatte, die ganz und gar in

Musik aufging, wie er sagte, hatte er einiges Verständnis für musikalische Talente. Wir saßen lange in einer Speisegaststätte zusammen, wie Restaurants in der DDR hießen. Geduldig hörte er sich an, was ich zu sagen hatte über Sprache und Musik. Bei Sauerbraten mit Thüringer Klößen und Rotkohl erzählte ich ausführlich über den Zusammenhang des Bachschen Kontrapunktes mit der Hegelschen Satzmelodie und versuchte, ihn zu überzeugen, daß da strukturelle Gemeinsamkeiten bestünden, die ich spürte, aber unfähig war, sprachlich zu formulieren, was sich natürlich ändern würde, sobald ich Philosophie studierte. Ein Zusammenhang bestünde, ich hörte ihn ganz deutlich. Er könne mir schon glauben. Und was Bach betraf, glaubte er mir auch. Was er nicht glauben konnte, wie er mir später gestand, war, daß ich nicht wußte, was Philosophie in einem sozialistischen Land war.

Aber erst einmal versprach er, sich zu kümmern. Er wußte von den Schwierigkeiten der Immatrikulation für Studenten, die wie ich gestrauchelt waren, gab er mir zu verstehen. Ich solle inzwischen zumindest in ein Lehrbuch für marxistisch-leninistische Philosophie hineinsehen. Meinen Immatrikulationsbescheid bekam ich später von ihm persönlich zugeschickt und ging nach Leipzig.

Den an einzelne Personen gebundenen politischen Machtbefugnissen und der Möglichkeit ihrer willkürlichen Handhabe verdanke ich es, daß ich als Quereinsteigerin irgendwann immer da landete, wo ich landen wollte. Irgendeine der zuständigen Autoritäten hatte sich letztlich für mich persönlich eingesetzt und politische Verantwortung für mein Tun übernommen. Innerhalb der politischen Führungsschicht gab es immer wieder Menschen, die sich für mich einsetzten und auch ein Risiko übernommen haben, da sie damit rechnen mußten, daß ich mich politisch nicht korrekt verhielt, schon weil ich nicht wußte, was in der DDR politisch korrekt war. Damals begriff ich die Zivilcourage dieser Führungskader als menschliche Handlungen von Edelkommunisten. Daß ich politisch auch entmündigt war, begriff ich erst viel später.

In der Einführungsvorlesung für marxistisch-leninistische Philosophie erfuhr ich von einem blonden und blauäugigen Professor mit Specknacken, daß hier niemand abginge, der nicht Mitglied der SED geworden sei und nicht verantwortungsvoll gegenüber dem Arbeiter-und-Bauern-Staat handeln würde. Ich hatte alle Mühe, keine Panikattacke zu bekommen.

Er sprach von der Arbeiterklasse, der zu dienen meine oberste Pflicht als Philosoph sei. Ich schluckte heftig, denn aus der Arbeiterklasse hatte sich gerade mein Vater bei der Universität gemeldet. Er hatte von meiner Mutter gehört, daß ich zum Studium nach Leipzig gegangen war. Bei der Universitätsleitung hatte er vorgesprochen. Er wollte klarstellen, daß ich erstens nicht normal sei, das könne bei den Psychiatern in Berlin nachgefragt werden, und daß ich zweitens politisch-moralisch eine Null sei. Dem Dekan erklärte er, er sähe überhaupt nicht ein, warum er für mich ein Stipendium zahlen sollte. Er denke nicht im Traum daran. Er habe schließlich auch nicht studieren können. Mir erklärte der Dekan, daß meine Eltern zahlen müßten, ich könnte sie verklagen. Eltern, die über eine bestimmte Grenze hinaus Geld verdienten, müßten für das Stipendium ihrer Kinder aufkommen. Schließlich gäbe es Gesetze. Die Universität würde hinter mir stehen. Im Prorektorat für Studienangelegenheiten könnte ich die Einzelheiten erfahren.

Mir fehlte es an Kraft und Mut zu solch einem Gerichtsverfahren. Ich entschied, meine Nachtschichten in Leipzig weiterzuführen. Wenn auch nicht im Großbetrieb, sondern in der Nachtbar eines Interhotels, in der ich als Bardame vorsprach. Meine Kenntnisse von Wein, Weinbränden, einschließlich des Wissens, welches Glas für welches Getränk zu benutzen war, überzeugte das Barpersonal in einer Probeschicht. Daß ich bei meiner Großmutter für Abendgesellschaften mit dem Hauspersonal oft den Tisch decken mußte, kam mir also hier zugute. Da es ein Interhotel war, waren die meisten Getränke Import, das heißt aus dem Westen. Bei den Weinen hatte ich zu lernen, daß es ungarische, bulgarische und rumänische gab.

Da hatte ich also wieder mein Kontrastprogramm. Am Tage hörte ich Vorlesungen über die Vorzüge des dialektischen Materialismus und darüber, daß der Sozialismus siegen würde. Nachts mixte ich Cocktails und kokettierte mit den feindlichen Devisenbringern im Hotel Deutschland. Ich lernte meine Schweigsamkeit funktional einzusetzen. Ich sagte nichts, wenn ich aus meiner Buntlicht-Bar übernächtigt in die Vorlesung für Sozialismustheorie ging und hörte, daß es im Sozialismus keine entfremdete Arbeit gäbe. Ich hatte zum ersten Mal seit dem Niedergang meines musikalischen Talents wieder ein Ziel. Ich wollte wissen, was der Sinn des Lebens und der Welt war.

Damals faßte ich den Entschluß, nie Kinder zu gebären. Ich wollte zu jeder Zeit meine Zeit abbrechen können. Für den Fall, daß es nicht weiterging, wollte ich aus dem Leben gehen können, ohne daß ich Verantwortung zurückgelassen hatte, der ich hätte nachkommen müssen. Von meiner Familie hatte ich mich getrennt. Dabei wollte ich es belassen.

Die Familie, auf die ich zuging, war groß und unbestimmt, die Verantwortung praktisch folgenlos. Die Philosophen des Abendlandes, zu ihnen war ich auf dem Weg.

In Leipzig gab es einen exzellenten Gastprofessor aus der Tschechoslowakischen Sozialistischen Republik, der Logik las. Die faszinierte mich: Dem Erlebten einen Wert zusprechen. Das bedeutete, ein Maß für Erleben und Erlebtes zu finden. Ich vertiefte mich bis über den Kopf zunächst in Aussagenlogik, später dann in Widerspruchslogik. Bald hieß das Zauberwort dialektische Logik, das mich durch den Tag brachte. Die Dialektik ist die Logik der Widersprüche. Das war großartig. »Wahr« und »falsch« in einem Wert nehmen. Den Bruch zum Prinzip erheben. Was für ein Maß! Die Widersprüche benennen und sie in eine Logik bringen können. Ihnen eine Reihenfolge aufzwingen, damit sie beherrschbar werden.

Endlich hatte ich also einen zeitlosen Raum gefunden, in dem ich mich niederlassen und den ich sicher machen konnte gegen jene Wirklichkeit, in der ich mich nicht zurechtgefunden hatte. Ich war bereit, den Weg in die rationale Philosophie zu gehen. Ich war dabei, einen Faden aufzunehmen, einen, der lief, unbedingt.

Ich war fasziniert von der Methode, die mir emotional sosehr entgegenkam. Sie wurde die dialektische genannt: »Alles ist, alles ist nicht. Alles ist, indem es nicht ist. Sein und Nichts werden zu

Etwas. Was ich setze, hebe ich, indem ich es setze, wieder auf.« Was für eine Dynamik, was für ein Klang! Das waren auch Tanzschritte: Was ich in einem Schritt setze, hebe ich im nächsten Schritt wieder auf und komme trotzdem weiter. Es könnte also auch alles anders sein, als ich bisher annahm. Die Antworten, die ich bisher hatte, könnten auch Fragen sein. Wenn dem so ist, stimmten vielleicht selbst die Angst und ihre Größe nicht. Nach solcher Unschärferelation hatte ich gesucht. Sie war weit genug, damit mein Erleben einen Platz in ihr fand.

Den »Rest des Studiums« verschob ich auf äußere Bahnen. Das heißt, ich versuchte seine ganze Widrigkeit inhaltlich nicht an mich herankommen zu lassen. Zunächst gelang mir das nicht. Über den ersten Versuch einer Teilung meiner Person in eine wesentliche und eine un-wesentliche wurde ich krank. Bald konnte ich nicht mehr in meiner Buntlicht-Bar arbeiten. Die Kommilitonen des Studienjahres sammelten Geld, damit ich über die Runden kam. Das war gut gemeint, aber unerträglich für mich. Ich schmiß das Studium und ging nach Berlin zurück.

Alex in seiner nüchternen Art gab seinen Kommentar: Das habe ich dir ja gleich gesagt, Philosophie zu studieren ist ein absoluter Quatsch und macht krank. Ich diskutierte nicht. Ich war froh, wenn mir Alex eine warme Suppe brachte. Es dauerte, bis ich mich von mir erholt hatte und als Schulsekretärin in einer Grundschule vorsprach. Die Arbeit selbst war nicht besonders schwierig, aber man mußte sich auf sie konzentrieren. Das schaffte ich nicht. Ich war zu sehr mit Sein und Nichts beschäftigt, das unter bestimmten Bedingungen dasselbe sein konnte. Ich machte bei der Arbeit unverzeihliche Fehler. Nachdem ich irgendwelche Einladungen für den Elternbeirat zum Milchhof und die Rechnungen für die Schulmilch zu den Eltern geschickt hatte, gab es einen ziemlichen Krach mit dem Direktor. Er wollte mich als Sachbearbeiterin in den Rat des Stadtbezirks befördern lassen. Da könnte ich weniger Unheil anrichten. In seiner Schule könne er mich nicht länger ertragen. Ich kündigte und ging wieder ins Glühlampenwerk zur Nachtschicht. Bei dieser Arbeit konnte ich zumindest meinen Kopf freihalten.

Aber es lag auf der Hand, beim Sortieren der Glühlampen und ihrem Verpacken am Fließband kam ich nicht weiter mit meiner Frage nach Sein und Nichts und ihrem Klang. Bald drehten sich die Wörter im Kreis und nahmen zeitweilig den Takt des Laufbandes an, auf dem die Glühlampen mir entgegenkamen.

Ich verstand, ich mußte noch einmal von vorne beginnen. Nach einigem Zögern beschäftigte ich mich daher endlich mit den politischen Prämissen eines Philosophiestudiums in der DDR, um diesmal klüger und effizienter mit meiner Kraft umzugehen.

Ich ging zur Humboldt-Universität, ließ meine Immatrikulation von Leipzig nach Berlin umschreiben und begann 1966 noch einmal im ersten Studienjahr. Zuvor hatte ich allerdings das Problem des Stipendiums zu regeln. Mit den Eltern zu verhandeln war aussichtslos. Die Lösung fand ich in den Verordnungen für den Erhalt eines Stipendiums selbst. Da stand nämlich, als Verheiratete bekomme ich unabhängig vom Einkommen der Eltern ein Stipendium. Ich heiratete daraufhin meinen homosexuellen Freund Dieter. Ihm war der Status »Verheiratet« auch willkommen, da Schwulsein in der DDR zu dieser Zeit noch verboten war und nicht nur politisch verfolgt wurde. Für zehn Mark Schreibgebühren schlossen Dieter und ich also die Ehe. Wir bestanden auf einem Doppelnamen. Nach diesem formellen Akt unterschrieben wir beide ein persönliches Schriftstück, in dem wir uns verpflichteten, nach einem Jahr die Scheidung einzureichen. Grund: »Sexuelle Unverträglichkeit«. Das taten wir auch, ohne dem hohen Gericht mit Einzelheiten aufzuwarten. Die Scheidung kostete 200 Mark. Der Status »Geschieden« garantierte mir weiterhin ein Grundstipendium von 185 Mark im Monat. Das war nicht viel, reichte aber zum Überleben.

Danach heirateten Alex und ich, obwohl Alex nach wie vor mit meinem Philosophiestudium nicht einverstanden war.

4

Das Studienjahr in Berlin begann mit der Einberufung zur vormilitärischen Ausbildung, die in der Mark Brandenburg stattfand. Zynischerweise wurde sie Zivilverteidigung genannt. Da aus meinen Studienunterlagen hervorging, daß ich als Hilfsschwester gearbeitet hatte, wurde ich ohne irgendwelche Rückfragen als Sanitäterin eingesetzt. In grauer Uniform und mit einer Rot-Kreuz-Binde am Arm marschierte ich im Gleichschritt auf märkischem Sand. Links, zwei, drei, vier, links, zwo, drei ... Ich war ziemlich entsetzt, doch es machte überhaupt keinen Sinn, öffentlich zu protestieren. Ich wäre auf der Stelle exmatrikuliert worden. Ich beschloß, mich auf mein Wissen als Hilfsschwester zu konzentrieren, und zog meine persönliche Notbremse. Ich simulierte Ohnmachtsanfälle und kam auf die Krankenstation. Da ich zeit meines Lebens zu niedrigen Blutdruck hatte und jeder Arzt nach der Messung erschrak, war eine medizinisch plausible Erklärung bald gefunden, außerhalb aller politischen Koordinaten. Nach dem dritten Ohnmachtsanfall im vormilitärischen Lager wurde ich für die Zivilverteidigung als untauglich befunden, an meinen Hausarzt überwiesen und im Krankenwagen nach Berlin zurückgefahren.

Alex war sehr erschrocken. Zwei Rot-Kreuz-Helfer hatten mich bis zur Wohnung gebracht. Als sie fort waren, klatschte ich in die Hände und begann vor Freude zu singen: Wehruntauglich, wehruntauglich, verstehst du? Alex stand blaß und sprachlos im Flur. Er verstand nicht.

Das war also geblieben von meinem Leben mit dem Klavier: die Fähigkeit zum abrupten Wechsel, den ich zu erlernen hatte, um innerhalb eines Konzerts von einem Klavierstück zum anderen zu kommen. Mich von einer Minute zur nächsten auf ein neues Stück zu konzentrieren, um es dann mit höchster Intensität spielen zu können. Alex verunsicherten diese plötzlichen Umschwünge, wie er sie nannte, zutiefst. Ich verstand damals nicht, warum er sie fürchtete und nicht als Leistung anzuerkennen vermochte. Sein Unverständnis entschuldigte ich naiv mit mangelndem künstlerischem Sinn. Seine trockene Sachlichkeit, die ich ansonsten sehr mochte, standen ihm hier im Weg, glaubte ich. Ich ahnte nicht, daß meine Sprünge zwischen den Welten ihm bedrohlich werden konnten.

Das Studienjahr, in das ich geraten war, war von der sozialen Zusammensetzung auch für einen Studiengang im Fach Philosophie ungewöhnlich. Es war eine nie wieder erreichte hohe Konzentration von Prominentenkindern. Das heißt, mehr als ein Drittel der Kinder kamen aus dem DDR-Establishment. Es waren Kinder von Altkommunisten, antifaschistischen Widerstandskämpfern, wie es in der politischen Sprachregelung der DDR hieß, um nicht Kämpfer gegen den National-Sozialismus sagen zu müssen. Letzteres lag assoziativ sehr in der Nähe von Sozialismus. Diese Altkommunisten waren Mitglieder der KPD gewesen und mit dem Machtantritt Hitlers zumeist aus Deutschland emigriert, oder es waren Überlebende von Konzentrationslagern. In der DDR waren die Altkommunisten besonders geachtet und privilegiert und gehörten mehrheitlich zur Führungsriege der DDR-Nomenklatura. Bis ich unter den Kindern der Antifaschisten Esther, eine Schulfreundin aus tiefster Kinder- und Grundschulzeit, wiederfand, wußte ich von der Existenz dieser Antifa-Kinder, wie sie sich selbst gern nannten, so gut wie nichts. Esther war erfreut, dann aber irritiert, mich in diesem Studienjahr wiederzusehen. Sie dachte, ich würde als Pianistin durch die Welt fahren, nachdem ich bei meiner Großmutter in West-Berlin verschwunden war, wie sie sagte. Die Dozenten behandelten meine Schulfreundin Esther mit viel

Vorsicht und Respekt. Ihr Vater war Generalmajor der Deutschen Volkspolizei, was mir nichts sagte.

Ich erzählte ihr von meiner Geschichte mit der Mauer und dem Klavierspiel. Esther fühlte sich sofort verantwortlich für mich. Sie verstand, daß ich politisch wenig verstand und half mir von Stund an, wo sie konnte. Und Esther konnte viel, auf Grund der Position ihres Vaters. Sie wollte nicht zulassen, daß ein Mensch unglücklich war in ihrem Sozialismus.

Esther war einige Kilometer von Moskau geboren und von einer russischen Amme aufgezogen worden. Ihre Eltern kämpften als Partisanen in der Roten Armee, und nach Kriegsende waren sie als Politoffiziere in Umerziehungslagern für deutsche Kriegsgefangene tätig. Als Esther nach Deutschland kam, war sie fünf Jahre alt und sprach russisch so gut wie deutsch. Esther war nie in West-Berlin oder in Westdeutschland gewesen. Darauf war sie stolz. Sie war von der Richtigkeit der DDR-Politik zutiefst überzeugt. Über alles liebte sie ihren Vater, dessen politische Überzeugung sie voll und ganz teilte.

Bald lud sie mich zu sich nach Hause ein. Ihr Vater würde sich freuen, mich wiederzusehen. Er hatte mich in der 3. Klasse zu einer Schulfeier Klavier spielen gehört. Er hätte es nicht vergessen, hat Esther gesagt.

Esthers Zuhause lag hinter einem von Polizei und Sicherheitskräften streng bewachten Gelände in Berlin-Pankow. Es war der Wohnsitz für die Führer des ersten Arbeiter-und-Bauern-Staats, bevor Wandlitz erbaut wurde. Esthers Familie bewohnte dort ein mittelgroßes Haus, aus dem mir bei meinem ersten Besuch ihr Vater entgegentrat. Er trug eine hochdekorierte Uniform der deutschen Volkspolizei. Ich zuckte zusammen. Er kam mir entgegen, war sehr freundlich, beinahe zärtlich. Letzteres irritierte mich. Für mich waren Polizisten Bullen und weiter nichts. Und Esthers Vater Jonas war ein Bulle, selbst dann, wenn er auch noch Humor hatte. Jonas paßte nicht in das Bild, das ich von einem DDR-Bonzen hatte, vor dessen Haus Sicherheitsposten auf und ab gingen. Als ich ihn beim Abschied bat, meinen Passierschein zu unterschreiben, damit ich aus dem gesicherten Gelände wieder herauskam, sagte er, ich könnte, wann immer ich mich in einer Notsituation befände oder in Panik geriete, zu ihm kommen, auch nachts. Er schlafe ohnehin nicht viel. Dem Wachdienst werde er meinen Namen als Dauerbesucher angeben. Das tat er dann auch.

Ich bin wieder hingegangen, auch wenn mich Esthers Mutter nicht ausstehen konnte, weil sie eigentlich niemanden ausstehen konnte, dessen Eltern nicht im antifaschistischen Widerstand gewesen waren. Ich mochte sie ebensowenig. Sie verachtete mich, auch weil mein politisches Bewußtsein, wie sie sagte, unter jedem ernst zu nehmenden Niveau lag. Esther und Jonas verteidigten mich immer vor ihr. Ich habe das Angebot von Jonas auf Schutz angenommen. Jonas wurde für mich der Edelkommunist. Die Ausnahme von der Regel. Bald liebte ich ihn wie einen Vater, der mich beschützte. Und in der Tat: Ohne seine politische Macht, die auf Grund seines militärischen Ranges auch eine persönliche war, hätte ich das Studium am Philosophischen Institut der Humboldt-Universität nicht überstanden.

Ich lebte also die Paradoxien, die mich philosophisch mehr und mehr in ihren Bann zogen. Ich fühlte mich sicher unter dem Schutz von Jonas, der in seiner Funktion als Generalmajor der deutschen Volkspolizei wesentlichen Anteil daran hatte, daß ich festsaß, in diesem Land, aus dem ich nicht herauskam.

Ich fühlte mich sicher in seinem Haus, das bewacht wurde, vor dem Volk, das er als oberster Volkspolizist beschützen sollte. »Städtchen« nannten die Funktionärssiedler liebevoll ihren durchs Militär geschützten Ort. Ich fühlte mich sicher in dem Haus eines Parteifunktionärs, der maßgeblich dafür sorgte, daß ich lebend nicht hinüberkam über den antifaschistischen Schutzwall, wie er die

Mauer, nie ohne Stolz in der Stimme, nannte. Er erklärte mir, daß es ein Glück für mich sei, nicht herauszukommen aus der DDR. Ich trennte die Person Jonas, der meine Zuneigung gehörte, von ihrem politischen Amt.

Sich wider das Erwartete zu bewegen wurde meine Überlebensstrategie in der DDR. Lange konnte ich sie nicht benennen, was nichts an meiner Vorgehensweise änderte. Wider den gesunden Menschenverstand studierte ich nicht Botanik, um aus der DDR-Wirklichkeit in den deutschen Wald zu emigrieren, sondern Philosophie. Ausgerechnet im Zentrum apologetischer Bräustuben suchte ich nach neuem Sinn für mein Leben und wollte der real-sozialistischen Wirklichkeit entfliehen. Und wider Erwarten: Die Flucht gelang mir. Denn ehe ich zu Bewußtsein kam, war ich schon abgetaucht in die dialektische Methodologie und ihre Logik. Denn darum ging es doch, jedenfalls für mich. Ich suchte für mich nach einer Logik für das Erlebte, in der all die Widersprüche ihren Platz und ein Auskommen miteinander fanden. Von solch existentiellem Verlangen nach Harmonie durch Theorie in die Philosophie der Widersprüche getrieben, war es zu Hegel für mich nur ein Schritt. Von seiner »Wissenschaft der Logik« zur DDR-Wirklichkeit zurück, umständlich und, wenn man es nur ordentlich einrichtete, nahezu unmöglich.

Also arbeitete ich mich ein in die reinen Theorien, mitten in den marxistisch-leninistischen Schulen für Staatsphilosophie.

Wider das Erwartete leben. Wider das Gewohnte sich bewegen. Sich so verstecken, daß das Versteck als Versteck nicht zu erkennen ist. Daß das Versteck als Versteck nicht nachweisbar wird. Sich in aller Öffentlichkeit verbergen! Das war eine Möglichkeit zu überleben. Sie kam mir entgegen. Ich hatte das Versteckspiel als Kind mit dem Vater trainiert. An mindestens zwei Orten zur gleichen Zeit leben. In dem Ost-West-Karussell des Berliner S-Bahn-Rings hatte ich angefangen, diesen Zustand zu üben. Hatte gelernt, gegen das Schwindelgefühl beim Übergang von einem Zustand zum anderen anzugehen und das Gleichgewicht zwischen beiden Zuständen aufzufinden. Und als Musikerin, die ich immer geblieben war, gehörte es zum Einmaleins des Spielens, zwei Themen in einem handhaben zu können.

Die Übergänge unerläßlich üben, ohne die Wirklichkeit zu berühren. Das wurde mein erstrebtes Klassenziel zum philosophischen Staatsexamen. Nur konnte ich das damals so noch nicht formulieren.

Zunächst aber ging ich zu den Kindern der Altkommunisten, den Kindern der Antifaschisten, die, wie ich bald erfuhr, vornehmlich jüdischer Herkunft waren. Sie sprachen viel vom Heldenkampf ihrer Eltern und hielten auf eine Weise zusammen, die mich draußen ließ, obwohl ich mitten unter ihnen war. Sie tolerierten mich in ihrem Kreis, weil ich Esthers Freundin war. Abends sangen die Kinder der Antifaschisten oft zur Gitarre Partisanenlieder oder Kampflieder der Arbeiterklasse. Irgendwann sehr spät am Abend sangen sie jüdische Lieder, wie: »Es brennt Brüder, es brennt«, »Sag nie, du gehst den allerletzten Weg« oder: »Auf dem Wagen liegt ein Kälbchen«.

Zum Ausklang des Abends sangen die jüdischen Kinder der Altkommunisten ausgerechnet Ghettolieder, und lange wußte ich nicht, daß es Ghettolieder waren. Denn ich wußte, bis ich in dieses Studienjahr geriet, so gut wie nichts von jüdischen Kindern, die in der DDR lebten. Aber ich fühlte mich wohl, auch weil ich immer fremd blieb unter ihnen. Später bemerkte ich die Kluft, die zwischen diesen Kindern und dem »Rest« des Studienjahres bestand. Noch später hörte ich, daß ich mit den Funktionärskindern, die die Kinder der Antifaschisten auch waren, anzubändeln versuchte. Meine Affinität zu den antifaschistischen Kindern hing aber zuerst und zuletzt mit Esther zusammen. Ich liebte sie und fühlte mich sicher in ihrer Nähe. Erst viel später wurde mir klar, daß ein weiterer Grund für meine Affinität zu den Kindern der Antifaschisten ihre Identitätsschwierigkeiten waren, die sie in der DDR hatten, auch wenn diese Schwierigkeiten recht unterschiedliche Bezugspunkte hatten. Denn immerhin waren es Deutsche, die die Massenvernichtung europäischer Juden aus tiefster Überzeugung und mit deutscher Gründlichkeit organisiert hatten. Es waren Deutsche, die ihre Familien vergast hatten. Auch wenn die politisch moralische Existenzberechtigung der DDR von seiten der SED-Führung aus dem Antifaschismus hergeleitet wurde, hatten die nachkriegsdeutschen Kommunisten bzw. kommunistischen Nachkriegsdeutschen ihre Schwierigkeiten mit den kommunistischen Juden, die in die DDR zurückgegangen waren, und die kommunistischen Juden hatten Schwierigkeiten mit ihrem Judentum, dessen sie sich durch Assimilation zu entledigen versucht hatten. Der Versuch, ihr Judentum in der kommunistischen Bewegung aufheben zu können und diese Form der Assimilation auch noch durch die marxistisch-leninistische Weltanschauung zu begründen, schien für die kommunistischen Juden die Judenfrage in besonders konsequenter Weise zu lösen, denn sie schloß eine supranationale Aufhebung der Judenfrage durch internationale Solidarität und Verbrüderung ein.

Da die kommunistischen Juden in der DDR aber von latentem Antisemitismus auch in der SED-Führung umgeben waren, waren sie in ganz besonderem Maße bemüht, gerade ihren sozialistischen Patriotismus und ihre sozialistische Zugehörigkeit unter Beweis zu stellen. Beides wurde permanent angezweifelt, einerseits weil Stalin den Antisemitismus auch als Ideologie benutzte: Es waren schließlich die »entwurzelten Kosmopoliten« mit ihren »zionistischen Umtrieben«, die den Aufbau des Kommunismus durch Verschwörungen des Weltjudentums von Zeit zu Zeit störten. Andererseits weil es inzwischen Israel, den Judenstaat, gab, der von den USA mit Wohlwollen unterstützt wurde. Im Sechstagekrieg der Israelis 1967 wurde daher von den kommunistischen Juden der Treuebeweis durch Stellungnahmen verlangt und auch erbracht. Und erst durch die Stellungnahmen der kommunistischen Juden in der DDR-Presse wurde das Problem, Jude zu sein, wieder öffentlich gemacht. Wen wundert es, wenn die jüdischen Kinder, die in der offiziellen Polit-Terminologie Kinder der antifaschistischen Widerstandskämpfer waren, erst spät am Abend, unter sich, davon sprachen, daß sie auch jüdische Kinder waren und Ghettolieder sangen? Wenn sie wie Esther nach dem Sechstagekrieg stolz das Palästinensertuch trugen, kam ein Gefühl der Selbstverleugnung noch nicht auf, im Gegenteil.

Die Identitätsschwierigkeiten, die diese Kinder von Altkommunisten aufgrund ihrer Vergangenheit und ihrer gesellschaftlich herausragenden

Stellung hatten, hatten zur Folge, daß sie in einer nicht zu überbrückenden Distanz zur real existierenden DDR lebten. Und gerade ihre Distanz zum realen Leben in der DDR machte mir den Umgang mit ihnen möglich. Diese Kinder, auf die ich in diesem Studienjahr getroffen war, schwebten über dem Land, das ihnen ihre Eltern als historisches Geschenk und patriotische Verpflichtung für eine bessere Zukunft entgegengebracht hatten. Abgehoben und isoliert lebten sie in dem Land, das sie voller Stolz die Deutsche Demokratische Republik nannten. Ihr Leben dort war durch die »natürlichen Privilegien« ihrer politischen Herkunft gesichert. Aufgrund des Kampfes ihrer Eltern sollten auch sie in der ersten Reihe stehen, um die Menschheit in eine lichtere Zukunft zu führen. Nur wenige Kinder der Antifaschisten anderswo in der DDR verließen schon damals ihren Kreis oder schlugen die historische Erbschaft ihrer Eltern aus.

Die Funktionärskinder, die ich in diesem Studienjahr für Philosophie traf, nahmen die Erbschaft ihrer Eltern an. Sie waren voller Zuversicht. Ihnen gehörte die Zukunft auf immer und ewig. Diese Kinder waren Kinder von Helden der Geschichte. Worin das Heldentum der Eltern bestand, war nicht auf einen einheitlichen Nenner zu bringen, und von mir schon gar nicht. Einige hatten wie Esthers Eltern als Partisanen gekämpft. Andere hatten schlicht »nur« die Emigration überlebt. Waren sie gen Westen emigriert, setzte ihr Überleben in der Regel voraus, daß sie genügend Geld für die Emigration hatten. Diese Emigranten waren überwiegend bürgerliche Intellektuelle, die aufgrund ihrer weltläufigen Beziehungen noch aus Nazi-Deutschland herausfanden und damit den Gaskammern entkamen. Gingen die Eltern, die zumeist kein Geld hatten, als Emigranten gen Osten, waren sie in der Mehrheit Funktionäre der KPD. Ihr Überleben hing von der Willkür stalinistischer Geheimpolizei ab. Der Grat zwischen Gulag oder einer Rückkehr nach Deutschland war bekanntlich schmal, nicht nur für diese Emigranten. Die Ostemigranten, die in die DDR zurückgingen, wirkten nach ihrer Rückkehr wie Esthers Eltern zumeist als Funktionäre beim Aufbau des stalinistischen Sozialismus mit.

Für mich waren später Überlebende aus Konzentrationslagern und Partisanenkämpfer die authentischste Form von Widerstandskämpfern. Am Heldentum vieler Westemigranten zweifelte ich, weil ein Überleben außerhalb der deutschen Hölle für mich noch nicht unabdingbar Heldentum einschließt. Zu der Zeit, da ich unter die antifaschistischen Kinder geriet, machte ich mir solche Gedanken noch nicht.

Für die Kinder der Antifaschisten, für die Heldenkinder war entscheidend, daß ihnen die Zukunft schlechthin gehörte. Deshalb sangen sie, wenn sie nicht nur unter sich waren, auch die Internationale. Denn es war nicht nur die Zukunft, es war die Zukunft in der Zukunft, die ihnen gehörte und die als Weltrevolution eines Tages verwirklicht sein würde. Als Kinder von vermeintlichen Siegern der Geschichte hatten sie daher nur eine einzige Pflicht, nämlich mitzuwirken an der Vollendung einer kommunistischen Zukunft. An dieser Pflicht, auch Helden werden zu müssen, zerbrachen später viele von ihnen.

Diese Antifa-Kinder bildeten den Kern der Nachwuchs-Elite in der DDR und damit der Nomenklatura. Ihre Karriere war ihnen in die Wiege gelegt worden, nicht als Karriere, sondern als ihre moralische Verpflichtung, im weltweiten Kampf für die Befreiung der Menschheit zu wirken. In dem Roman »Wie der Stahl gehärtet wurde« von Nikolai Ostrowski war sie festgeschrieben, die Norm: »Du sollst so leben, daß du am Ende deines Lebens sagen kannst, dein ganzes Leben hast du der größten Sache der Menschheit gegeben: dem Aufbau des Kommunismus!« Der Menschheit hatten sich diese Heldenkinder zu opfern. Das war ihre historische Verpflichtung, die ihnen von den Eltern aufgebürdet wurde. Ihre Karriere war in ihrem eigenen Selbstverständnis daher keine Karriere, sie war ein Opfer für die Menschheit!

Ja, diese Kinder kannten keine Grenzen, auch das machte ihre Anziehungskraft für mich aus. Ihr Abgehobensein und ihre Weltfremdheit waren für mich wie eine Droge gegen die real existierende DDR: Je länger ich zuhörte, um so weniger konnte ich mich ihr entziehen. Bei aller politischen Informiertheit und allem wohlgeformten Pathos war das Interesse der antifaschistischen Kinder doch vornehmlich ein schwärmerisches und kam den diffusen und romantischen Ideen aus meinem früheren Leben entgegen, da ich überzeugt war, durch Musik könne die Welt erlöst werden, vorausgesetzt, die Musik würde nur vollkommen genug sein und mit größter Intensität gespielt werden.

Trotz aller Interessiertheit war das Interesse der antifaschistischen Kinder an den Schriften von Marx und Engels ein theoretisches, mitunter gar ein spirituelles. Ihre Aufmerksamkeit galt den ökonomischen Schriften von Marx und darüber hinaus seinen »Frühschriften«. Dabei waren es spezielle Abschnitte, die mit dem Problem der Entfremdung und ihrer möglichen Aufhebung direkt oder indirekt zusammenhingen, Entfremdung, die es per Parteibeschluß im Sozialismus nicht gab. Die Entfremdung und das Geheimnis der Ware sowie sein Fetischcharakter zumindest konnten anhand des Marxschen »Kapitals« ein ganzes Studienjahr lang diskutiert werden.

Die unfreiwillige Ironie, ausgerechnet den »Warenfetischismus« zwei Semester lang zu studieren in einem Land, in dem es an allen Waren mangelte und real daher ein ganz anderer Fetisch auf der Ware lag, fiel mir damals nicht auf. Uns ging es um höheres. Daher konnte ich bald »wir« sagen. Wir suchten nach den geistigen Elementen und Strukturen einer besseren Welt, genannt »Weltrevolution«. Unser Interesse galt daher einem theoretischen Puzzle, das unter dem Zauberwort »Aufhebung der Entfremdung« firmierte. Es galt der Befreiung der ganzen Menschheit, die, weil es gleich die ganze Menschheit war, auch im einzelnen nicht befragt werden konnte, ob sie überhaupt befreit werden wollte.

Ja, solche Globalisierungen und Anmaßungen kamen mir entgegen. Für die ganze Menschheit lohnte es sich vielleicht doch, in Studienzirkeln monatelang über den Fetischcharakter der Ware zu sinnieren. In schlecht geheizten, dunklen Räumen saßen wir im Philosophischen Institut der Humboldt-Universität aneinandergeschmiegt und redeten uns die Köpfe mit Hoffnungen heiß. Denn da war ein Versprechen auf Zukunft.

Ich hatte also eine Clique gefunden im Studienjahr und war dabei, abzutauchen in die ökonomischen Hauptschriften von Marx, zu denen sich bald Hegels »Wissenschaft der Logik« und seine »Phänomenologie des Geistes« gesellten. Ich war dabei, den theoretischen Raum auszumessen, um einen Ort zu finden für mich, den ich nach meiner Maßgabe einrichten konnte. Diese Nische innerhalb der Philosophie konnte ohne politische Verdächtigung besetzt werden, wenn man in den dogmatischen Fächern wie Sozialismustheorie, sozialistische Moral seine Hausaufgaben erledigte: Der reine Opportunismus! Er hieß damals: Um der Theorie willen waren Opfer zu bringen. Und was war das schon? Eklektische Sätze für eine Prüfung im Kurzzeitgedächtnis zu speichern, um sie aufsagen zu können und anschließend zu vergessen.

Mitunter war mir nach der Erledigung solch einer ideologisch hochbesetzten Prüfung übel. Ich fluchte dann mit mir. Irgendwann aber ging ich unter die Dusche und spülte den sozialistischen Unsinn ab, so glaubte ich. Ich las nach solchen Prüfungen gern die schwermütigen Sätze aus den »Grundrissen« von Marx über die Verkehrung gesellschaftlicher und individueller Verhältnisse. Einer meiner Lieblingssätze jener Jahre wurde der Satz: »Es ist eine *wirkliche* Verkehrung gesellschaftlicher Verhältnisse, keine bloß *gemeinte*!« Auf sehr umständliche Weise versuchte ich, mit mir in Verbindung zu bleiben. Ich versuchte über die Jahre größter Abwesenheit mir noch eine Nachricht zukommen zu lassen, eine, die Erinnerung an den Anfang aller Verdrehung und Verkehrung zuließ.

5

Wenn man von mir absah, waren alle aus meinem ersten Freundeskreis, den ich in der DDR gefunden hatte, Mitglieder der SED. Das brachte mitunter Schwierigkeiten ins Gruppenleben. Denn vieles, was die anderen in ihren Parteiversammlungen diskutierten, konnte in meiner Anwesenheit nicht weiterdiskutiert werden, weil ich als Nicht-Parteimitglied politisch nicht reif genug war, um zu erfahren, was Mitglieder der Partei schon wissen durften und intern in ihren Parteiversammlungen diskutierten. Esther fragte mich daher oft, ob ich nicht auch in die Partei eintreten wolle. Sie könne mit ihrem Vater sprechen. Und sie sprach mit ihm. Er sprach mit mir. Er meinte, wenn ich mich sehr anstrengen würde, könnte ich es schaffen, meinen Individualismus und meine kleinbürgerlichen Tendenzen loszuwerden. Er wäre bereit, mir zu helfen. Er würde eine Bürgschaft für meine Aufnahme als Kandidatin der SED übernehmen. Ich war gespalten, einerseits waren meine Vorbehalte gegenüber der SED da, andererseits wollte ich die Zuneigung der Gruppe nicht verlieren. Ich sprach mit Esthers Vater über meine Vorbehalte der Partei gegenüber. Er nahm es freundlich hin und meinte, gerade solche kritischen Menschen wie mich brauche die DDR. Ich war gerührt, daß er um mich warb. Dafür mochte ich ihn mehr als zuvor. Und so bedurfte es keiner allzu großen Agitation, weder von Esther noch von ihm, bis ich ja sagte zum Eintritt in die SED.

Mitunter kamen mir Zweifel, ob das wirklich richtig war, da meine Vorbehalte gegenüber der Partei in unregelmäßigen Abständen wiederkamen. War ich in der Clique, verflogen die Zweifel, schließlich waren wir mit dem Bau einer objektiven Theorie zur Erlösung der Menschheit beschäftigt, die die Entfremdung aller Menschen endlich aufheben würde.

Mit der Aufnahme des Studiums veränderten sich die Beziehungen zwischen Alex und mir. Aus der sinnlos vor sich hin dümpelnden Freundin wurde eine exzessiv und systematisch arbeitende Studentin. Diszipliniert und zielbewußt exzerpierte ich ein philosophisches Buch nach dem anderen. Arbeiten hatte ich am Klavier gelernt. Täglich etwa vier Stunden Klavierspielen, nebenbei die Grund- und Oberschule und was sonst noch zur Ausbildung einer Musikerin gehörte, dies konnte nur mit viel Disziplin absolviert werden. Alex war irritiert. Ich konfrontierte ihn von morgens bis abends mit Fragen: Wenn aber »A« nicht gilt und dafür »B«, wenn aber »B« nicht gilt und auch »A« nicht, wie komme ich dann zu »C«? Wenn aber die Farbe »Weiß«, gar nicht »weiß« ist, wir nur den Eindruck haben, daß »Weiß« »weiß« ist, was ist dann »Weiß«? Ist ein »Weiß« ohne ein »Schwarz« überhaupt denkbar, und wie wird es sichtbar? Also klammern wir »Schwarz« doch erst mal ganz aus, um uns auf ein Problem zu konzentrieren …

Mitunter rastete Alex über meine Spekulationen aus. Ich solle endlich mit diesem Gespinne aufhören, sagte er. Das mache ihn ganz nervös. Wenn er mir länger zuhöre, glaube er am Ende noch, daß er farbenblind sei, hat er einmal gesagt. Und ich erinnere mich, daß ich vor Freude in die Hände geklatscht und gesagt habe: »Genau das sei es doch, alles könne auch ganz anders sein, als wir denken, daß es sei. Wir sind Gefangene unserer Wahrnehmungen und Gewohnheiten.« Nicht immer schaffte es Alex, dann zu lachen. Manchmal stand er irritiert vor mir und fragte nachdenklich, ob es vielleicht stimme, daß ich im Kopf nicht ganz richtig sei.

Alex gab sich redlich Mühe zu verstehen. Aber es war nicht seine Welt zu spekulieren. Er war

Elektroingenieur. Er baute und bastelte an gangbaren Schaltungen von Stromkreisen im »Werk für Signal- und Sicherungsanlagen«, dem sozialistischen Eisenbahnwerk. Alex dachte konkret über lösbare Fragen nach.

Auch die »Weltrevolution« war nicht seine Sache. Er interessierte sich für Autos. Da es im Osten keine gab, kaufte er Gebrauchtwagen über Gebrauchtwagen und machte aus zwei Wagen einen. Tage- und nächtelang hockte er mit Freunden im Laubenpiepergarten seiner Mutter. Hatten sie einen der alten Schlitten wieder zum Laufen gebracht, freuten sie sich wie Kinder.

Oft hatten wir kein Geld in dieser Zeit, weil irgendein Ersatzteil gekauft werden mußte. Dafür hatten wir ein Auto der Marke »Wartburg« mit einem VW-Motor. Um den Motor wurde Alex beneidet. Daß unser Hauptgericht »Knorr-Suppen« waren, nahm Alex in Kauf. Petersilie-, Spargel- und Champignonsuppen und Maggis Brühwürfel mit Fadennudeln, es gab sie die ganze Woche lang. Meine Großmutter schickte sie bald in Großhandelspackungen. Sie dachte, wir verkauften die Suppen zu Schwarzmarktpreisen. Was wir mitunter auch taten, eine Tütensuppe für fünf Ostmark.

Mitte der sechziger Jahre hatte sich meine Großmutter als Westberlinerin endlich in Westdeutschland angemeldet und konnte, wie andere

Westdeutsche auch, in die DDR einreisen. Als Westberlinerin durfte sie das nicht, da West-Berlin als eine selbständige politische Einheit galt und Ausland war für die DDR-Behörden. Als ich meine Großmutter wiedersah, verschwieg ich ihr, daß wir die Suppen selbst aßen. Sie war ohnehin so schockiert über »das Loch«, in dem ich hauste. Das stimmte so nicht, immerhin war es eine Zweizimmerwohnung im Altneubau, die Alex und ich inzwischen bezogen hatten. Aber meine Großmutter ließ meinen Einwand nicht gelten. Sie bekam einen Weinkrampf, nachdem sie »das Loch« gesehen hatte. Daß ich derart verwahrlost wäre, hätte sie sich nicht vorstellen können. Plunder nannte sie unsere Möbel erbarmungslos, Lumpen meine Kleidung. Daß ich noch lebte, sei ja, gemessen an den Zuständen, wirklich ein Wunder. Sie schickte nach ihrem ersten Besuch Eßpakete, Kleidung und Hausrat in reichlichen Mengen. Damit konnte noch die Familie von Alex versorgt werden. Alex schickte sie Werkzeug. Dafür liebte er sie.

Ich erzählte meiner Großmutter auch später nicht, daß ihre Vorstellungen über mein Philosophiestudium völlig an der Sache vorbeigingen. Sie hatte nicht die geringste Ahnung, daß das Hauptfach des Studiums marxistisch-leninistische Philosophie war. Darauf kam sie einfach nicht. Ich erzählte ihr auch nicht, daß ich mich entschieden hatte, Mitglied der SED zu werden. Sie wäre zusammengebrochen und hätte in West-Berlin und sonstwo erzählt, daß man ihre Enkelin nun auch gezwungen habe, der Kommunistischen Partei beizutreten. Denn daß ich das freiwillig getan hätte, hätte sie mir nicht geglaubt. Ich wollte die wenigen Stunden, da ich sie sah, Frieden mit ihr. Ich liebte sie, sie war meine einzige familiäre Bindung.

Als ich meine Großmutter nach dem Mauerbau wiedersah, gehörte sie schon zu einer anderen Welt. Meine Großmutter gehörte zu einem Leben, das nun nie sein würde. Ich hockte hinter einem Ende und hatte mich verkrochen. Es gab keinen Weg zurück. Meine Großmutter gehörte zu einer Welt, an die ich lieber nicht denken wollte, weil mir sonst unkontrolliert die Tränen aus dem Gesicht stürzen konnten und ich mir der Lächerlichkeit dessen bewußt wurde, was ich hier tat. Denn immer wußte ich doch auch davon, daß das, was ich hier tat, eigentlich mit mir nichts zu tun hatte. Wenn es ein Wort gab für meinen Seelenzustand, dann traf »stumpf«, neben Angst, am ehesten mein Empfinden. Angst hatte ich auch vor Erinnerungen an mein früheres Leben. Ganz hatte ich es nicht geschafft, die Erinnerungen an die Zeit davor umzubringen, auch wenn ich ernsthaft nie wieder ein Musikinstrument angerührt hatte. Denn mir fehlte Kraft, unermeßlich viel Kraft, seitdem ich aus meiner musikalischen Existenz hinausgeschleudert worden war. Jahrelang konnte ich

Musik nicht einmal hören. Ich hatte Angst, daß zusammenbrechen würde, was ich dabei war, mir als Welt notdürftig aufzubauen, nach dem Ende, das ich nie recht verstand.

Darüber mit meiner Großmutter sprechen konnte ich nicht, auch weil ich nicht begriff, was mit mir wirklich passiert war. Und so erzählte ich ihr auch nicht, daß ich, seitdem ich aus der Psychiatrie entlassen worden war, Schlaftabletten und Beruhigungsmittel in größeren Dosen nahm. Ich erzählte es ihr nicht, obwohl sie mir auf den Kopf zusagte: Kind, du bist krank. Was haben sie mit dir in der Klinik gemacht? Wovor hast du solche Angst? Ich versuchte, bei ihren Fragen nicht loszuheulen. Ich war froh, daß ich die Angst in mathematische Abläufe umzulenken begann, so daß ich sie zumindest stundenweise durch konzentrierte Arbeit unterdrücken konnte. Ich erzählte ihr nicht, daß ich die starken Psychopillen, die mir die Psychiater noch immer verschrieben, gar nicht erst aus der Apotheke abholte, daß ich mir statt dessen Schlaftabletten und weniger starke Beruhigungsmittel besorgte. Denn im Gegensatz zu den starken Psychopharmaka trennten sie mich nicht völlig von mir selbst ab.

Meine Großmutter war taktvoll genug, mein Schweigen zu tolerieren, auch später, nachdem ich mich an ihr Kommen schon wieder gewöhnt hatte.

Benommen und gedämpft durch Beruhigungsmittel buddelte ich in meinem Tunnel nach einer Methodologie zur Widerspruchstheorie. Wenn der Druck zu groß wurde, ließ ich mich krank schreiben. Es dauerte nicht lange, und ich hatte ärztliche Atteste und Untauglichkeitsbescheinigungen nicht nur für vormilitärische Ausbildungslager, sondern auch für Ernteeinsätze, Massenaufmärsche und andere kollektivbildende Zusammenkünfte.

Ich nutzte die Zeit, um mich tiefer hineinzulesen in die Logik der Widersprüche und setzte sie ins Verhältnis zu möglichen Ansätzen einer allgemeinen Handlungstheorie. Während man in der CSSR versuchte, praktisch zu handeln, um mehr Demokratie zu erzwingen, war auch ich an der »Praxis« interessiert, aber eben als Kategorie. Den Begriff der Handlung exakt zu bestimmen, schien mir wichtig. Ohne Theorie keine Empirie, und damit keine revolutionäre Praxis, war mein hochmütiger und philosophisch deutscher Standpunkt. Von einem Sozialismus mit menschlichem Antlitz zu träumen schien mir nicht nur theoretisch naiv. Denn der Sozialismus, wie er in der CSSR, der Sowjetunion oder in der DDR existierte, hatte meines Erachtens nirgends eine reale Basis, auf dem sich menschliches Antlitz hätte dauerhaft gründen können. Ein Sozialismus, der die Menschen hinter Mauern mit Selbstschußanlagen zu ihrem Glück zwingen will, konnte für mich kein menschliches Antlitz bekommen. Demokratie und Schießbefehl auf Menschen, die am sozialistischen Glück nicht teilhaben wollten, schlossen einander aus. Hier war ein Denkfehler in der sozialistischen Glückstheorie. Eine Sozialismustheorie, die auf dem logischen Prinzip von »Entweder – Oder« besteht, ein Drittes daher ausschließt, kann keine menschliche Toleranz in seiner Praxis garantieren. Auch deshalb dachte ich über eine ganz neue Theorie nach, eine, in der mehrere Werte und damit mehrere Standpunkte und Meinungen gleichberechtigt in einer gesellschaftlichen Praxis nebeneinander bestehen konnten. Erst auf der Grundlage solch eines theoretischen Ansatzes der Mehrwertigkeit könnte letztlich ein »ganz neuer Sozialismus« entstehen, der das Kalkül des »Entweder-Oder« und damit das »Freund-Feind-Prinzip« des real existierenden Sozialismus hinter sich ließ. Zu solch einem theoretischen Ansatz meinte ich unterwegs zu sein: Eine allumfassende Theorie, gleich einer Weltformel Einsteinscher Weite mit der Genauigkeit der Heisenbergschen Unschärfe-Relation für die Randbedingungen im theoretischen Feld. Nach nicht mehr, aber auch nicht nach weniger suchte ich. Die Reformversuche in der CSSR schienen mir ein Experiment ohne theoretische Basis, solange ihre Vertreter am Leninismus festhielten.

Unter den antifaschistischen Kindern wuchsen indessen Hoffnungen auf einen Sozialismus mit menschlicherem Antlitz. Nicht, daß sie den bestehenden Sozialismus unmenschlich fanden, das nicht. Aber verbesserungswürdig war er schon, darüber herrschte Einigkeit. Und wer, wenn nicht sie, sollte ihn verbessern. Mehr Demokratie konnte der sozialistischen Zukunft schließlich nicht abträglich sein. Natürlich mußte die führende Rolle der Partei gewahrt werden. Daran bestand zu keiner Minute ein Zweifel. Sie waren der Partei und dem Staat treu ergeben und darauf vorbereitet, künftig die Führung im sozialistischen Staat zu übernehmen. Wen wunderte es, daß sie leidenschaftlich um den Prager Frühling stritten? Meinen theoretischen Pessimismus in Sachen Prager Frühling wiesen sie freundlich, aber entschieden zurück. Esther verteidigte mich im Freundeskreis, indem sie für Verständnis und Toleranz warb. Meinen theoretischen Radikalismus, wie sie meine Überlegungen nannte, verlachte sie. Ich sei theorieverblendet, meinte sie, aber die Praxis werde mich schon widerlegen.

Mein Kandidatenjahr, in dem ich mich politisch zu bewähren hatte und beweisen sollte, daß ich reif genug war für eine Mitgliedschaft in der Partei, ging zu Ende. Jonas hatte tatsächlich die Bürgschaft für mich übernommen. Ich wurde mit anderen Kandidaten in die Kreisleitung der SED eingeladen. Bei Kaffee und Kuchen plauderten wir über dies und das und über den Aufbau des Sozialismus, der solche Studenten wie uns brauchte, denn der Aufbau sei schwierig. Junge kritische Genossen und Genossinnen, auf die käme es an. Deshalb sollten wir mit Kritik nicht zurückhalten. Ohne Kritik gehe der Partei das Leben aus. Einzeln wurden wir befragt, ob wir Verbesserungswürdiges sähen. Als ich an die Reihe kam, kritisierte ich das »Neue Deutschland«, die Parteizeitung. Ich sagte, daß sie stilistisch absolut schlecht, die Sprache nicht zu ertragen sei und auch die logische Argumentation zu wünschen übriglasse. Manchmal überschlügen sich die Tautologien und machten die Berichte daher logisch angreifbar und unglaubwürdig. Man ließ mich freundlich ausreden und fragte, ob ich noch mehr an kritischen Überlegungen hätte. Nein, erst mal nicht. Man bedankte sich für unser Kommen, für die schöpferische Kritik und ließ uns ziehen.

Das Resultat dieser netten Plauderei war, daß ich nicht als Mitglied in die SED aufgenommen wurde. Meine kleinbürgerlichen Tendenzen seien ja wohl deutlich genug zum Ausdruck gekommen. Die Kritik am »Zentralorgan der Partei« wäre ungeheuerlich. Darüber hinaus hätte ich mit meiner schwankenden Haltung eindeutig bewiesen, daß ich den Ernst der politischen Weltlage nicht begriffen hätte. Letzteres verstand ich überhaupt nicht, denn niemand hatte mich nach der politischen Weltlage gefragt. Vorerst verstand ich, daß ich ein weiteres Jahr Kandidat der SED bleiben müßte. Jonas hatte bei der Parteileitung der Fakultät das entscheidende Wort für mich eingelegt, damit ich als Kandidatin nicht gestrichen wurde.

Danach folgten Gespräche mit Jonas: Ich müsse verstehen, müsse mehr über den Klassenkampf lesen, Lenin studieren, mich ernsthaft mit Strategie und Taktik auseinandersetzen und an der Überwindung meiner kleinbürgerlichen Tendenzen arbeiten, ansonsten könne auch er nicht länger für mich bürgen. Das Studienkollektiv würde mir helfen. Ich wußte nicht so recht, was das Ganze sollte, aber ich war sicher, Jonas meinte es gut mit mir.

Im Studienjahr wurde es politisch unruhig. Das Für und Wider einer Reform des bestehenden Sozialismus wurde heftiger diskutiert. Die politischen Dogmatiker in unserem Studienjahr standen gegen die reformfreudigen Heldenkinder. Aber die Institutsleitung traute sich nicht, gegen sie vorzugehen, das heißt, sie zu maßregeln. Statt dessen initiierte die Leitung der Universität vielfältige Aktivitäten. Denn die Begeisterung für den Reformsozialismus wuchs auch bei Studenten anderer Fakultäten.

So wurde eine Hochschulreform eingeläutet. Auf Esthers Initiative setzten sich die antifaschistischen Kinder dafür ein, daß ich in eine Kommission zur Reformierung der Vorlesungen gewählt wurde. Dort könne ich meine theoretischen Überlegungen am besten einbringen und sie auch korrigieren lassen. Ich war begeistert. Die Reformierung der Vorlesungen und des Lehrplanes schien mir der rechte Ansatz zu sein. Mit anderen Studenten trat ich für die Rechenschaftspflicht der Professoren über den Inhalt ihrer Vorlesungen ein. Sie sollten Sinn und Effizienz des angebotenen Lehrstoffes begründen. Sie sollten darlegen, warum der von ihnen gewählte Schwerpunkt ihrer Vorlesung für unsere Ausbildung wichtig schien. Darüber hinaus sollten die Studenten ein Recht haben, Vorlesungen frei zu wählen und die Unterrichtsmethodik offen zu kritisieren. Ich glaubte für Wochen, es ginge wirklich um die inhaltliche Verbesserung des Studiums und um die reine Lehre. Wir arbeiteten an einem Modell, die Vorlesungen systematisch zu vernetzen, um Wiederholungen und Leerlauf zu vermeiden. Ich landete in einer Studienkommission beim Dekan der Philosophischen Fakultät.

Dann kam der 21. August 1968. Es waren Semesterferien. Ich arbeitete im Glühlampenwerk, um meine desolaten Finanzverhältnisse aufzubessern.

Alex hatte wieder einen Gebrauchtwagen gekauft und Schulden gemacht.

Am Ende der Nachtschicht kam Aufgeregtheit unter die Arbeiter, als die Nachricht bekannt wurde. Die Meinungen zum Einmarsch der Warschauer-Pakt-Staaten in die CSSR waren geteilt. Aber noch bevor Ansichten artikuliert werden konnten, wurden die »Genossenarbeiter« aus der Nachtschicht zusammengetrommelt. Sie sollten den Einmarsch durch Stellungnahmen begrüßen. Ich sagte nicht, daß ich eine »Genossenarbeiterin im Kandidatenstand« sei. Hier war ich Gelegenheitsarbeiterin in der Nachtschicht. Ich ließ mir meinen Lohn auszahlen und frühstückte in einer Kneipe. Nach dem Essen ging ich nicht nach Hause. Die Polizeipräsenz in den Straßen und die Aufgeregtheit der Arbeiter im Glühlampenwerk trieben mich ins Philosophische Institut der Universität.

Es war nach neun Uhr. Aus meinem Studienjahrgang waren nur die Apparatschiks da. Inzwischen dämmerte es auch mir, daß ihr Interesse am Studium zuerst der politischen Bewachung und dann der Philosophie galt. Es waren vorwiegend Studenten, die sich vor dem Studium freiwillig drei Jahre zur Nationalen Volksarmee verpflichtet hatten. Diese Verpflichtung erfolgte teilweise aus Überzeugung, teilweise aus Opportunismus, weil der verlängerte »Ehrendienst« bei der Volksarmee, wie er im offiziellen Sprachgebrauch hieß, einen

Studienplatz und ein doppelt so hohes Stipendium versprach, selbst dann, wenn die leistungsmäßigen Voraussetzungen der Bewerber nicht genügend waren. Sie wurden durch das Kriterium politische Zuverlässigkeit ersetzt.

Nach und nach kamen mehr Studenten und auch Dozenten. Die meisten von ihnen hatten Funktionen in der Instituts- oder Parteileitung. Esther war verreist. Aus dem Freundeskreis der antifaschistischen Kinder fand sich im Laufe des Vormittags eine Freundin Esthers ein. Wir beide konnten uns nicht ausstehen, nicht nur weil wir uns als Frauen nicht ertrugen, sondern auch weil wir politisch extrem zueinander standen. Sie war eine Dogmatikerin, was ich bei Frauen immer schwerer ertrug als bei Männern. Nach 1989 gestand mir Esther, daß ihre Freundin schon im 2. Studienjahr Hauptmann bei der Staatssicherheit gewesen war. Und eben diesen Verdacht, daß sie ein Stasispitzel war, konnte ich während des Studiums nie loswerden.

In der Uni wurde ich nicht gebraucht. Eigentlich störte ich. Denn hier ging es zunächst um die Erarbeitung politischer Argumentationsstrategien in Partei- und Institutsleitung, die darauf zielten, den Einmarsch studentenweit zu begrüßen. Esthers Freundin sagte mir, ich könne nach Hause gehen, solle mich aber bereithalten für den Ernstfall. Sie riefe mich an, falls ich gebraucht würde.

Natürlich ließ mich der Einmarsch der »Freundestruppen«, die in aller Freundschaft ihre Freunde erschossen, nicht kalt. Natürlich war ich empört, daß der Prager Frühling durch Panzer und Militär gewaltsam beendet wurde. Aber im Gegensatz zu anderen erwartete ich nichts! Schließlich hatte ich mit dem Mauerbau eine Demonstration militärischer Gewalt erfahren, von der ich mich nie erholt hatte. Ich hatte keinerlei Hoffnungen, daß im real existierenden Sozialismus, ob nun in der DDR oder sonstwo, ein menschlicheres Antlitz dauerhaft werden konnte. Ich war längst dabei, meine Einsicht, daß ohnehin nichts zu ändern sei, theoretisch zu begründen. Ich war dabei, meinen Fatalismus philosophisch in Sätze zu fassen. Ich begann, die Gewalt, die mir mit dem Mauerbau widerfahren war, und meine Hilflosigkeit gegenüber diesem Geschehen zu unabänderlichen Gesetzen zu vertheoretisieren, die unabhängig von meinem Willen und Wollen existierten. Die Ereignisse in der CSSR waren mir nur eine Bestätigung für meinen fatalistischen Ansatz. Die objektiven Gesetze der Geschichte zu erkennen sei das Äußerste, an ihrem Verlauf sei nun einmal nichts zu ändern. Insofern sei jeglicher Versuch einzugreifen zwecklos und bediene im Höchstfall Charakterstrukturen mit Helfersyndrom, kindliche Allmachtphantasien, die sich in Klassenkampfspielen auslebten. Gegen den unabänderlichen Verlauf der

Geschichte läßt sich nicht angehen. Mit dieser »philosophischen Depression«, wie ich sie später nannte, hatte ich bald alle psychischen Voraussetzungen, eine gute Geschichtsphilosophin zu werden, die sich sowohl auf Marx als auch auf Hegel berufen konnte. Die Vernunft in der Geschichte! Sie ist unabwendbar, sie wird daher logisch folgerichtig ihren Weg finden. Sie wird über den real existierenden Kapitalismus ebenso hinwegschreiten wie über den real existierenden Sozialismus. Mit unaufhaltsamer Notwendigkeit wird sie ihren Gang im weltgeschichtlichen Prozeß nehmen.

Ich hatte also einen Glauben gefunden und war auf dem Weg, ihn mit allerlei philosophischen Argumenten zu pflastern. Satz für Satz wollte ich sie aus dem Schacht der objektiven Seinslogik zutage fördern. Der Prager Frühling war in diesem Kontext nur ein Puzzle der Bestätigung, daß ein aktives Eingreifen in die Geschichte nicht möglich ist. Ich hatte die Flucht aus der realen Welt wieder einmal geschafft.

In der Universität wurde zu meinem Erstaunen inzwischen von meinem politischen Verantwortungsbewußtsein gesprochen. In einer politisch entscheidenden Situation hätte ich gewußt, wo ich hingehörte. Durch mein Erscheinen in der Universität am Tage, da der Konterrevolution durch das entschiedene Eingreifen der Warschauer-Pakt-

Staaten Einhalt geboten worden war, hätte ich politisch bewußt gehandelt. Ich widersprach nicht. Ich sagte nicht, daß ich von der Nachtschicht im Glühlampenwerk kam und aus reiner Neugierde zum Philosophischen Institut spaziert sei. Ich sagte auch nicht, daß mir die sozialistischen Reformen gleichgültig waren.

Mit Esther diskutierte ich den Einsatz der Panzer in Prag dafür um so heftiger. Ihr machte ich beinahe persönlich Vorwürfe für den Einmarsch der Truppen, die in ihrem »ruhmreichen Kampf« wehrlose Menschen erschossen. Esther stand in dem Widerspruch, aus Parteidisziplin den Einmarsch prinzipiell verteidigen zu müssen, sich trotzdem aber für die sozialistischen Reformen auszusprechen. Konkret übte sie Kritik daran, wie die Diskussion um den Einmarsch und um die Reformbestrebungen in Prag von seiten der Parteiführung abgewürgt wurde. Wir diskutierten nächtelang, ohne uns einig zu werden.

Es kam zu Verständigungsschwierigkeiten in den kommenden Wochen zwischen Esther und mir. So informierte sie mich nicht, daß sie mit einigen anderen aus dem Freundeskreis dabei war, einen Brief zu initiieren, in dem sie forderte, die Fragen der Reformen in der CSSR und die Notwendigkeit des Einmarsches der sozialistischen Bruderarmee in Prag offen zu diskutieren. Ich war frustriert, daß ich erst in der Studienjahresversammlung von dem Protestbrief erfuhr. Ich warf Esther vor, sie hätte kein Vertrauen zu mir. Sie korrigierte mich, Vertrauen schon, aber kein politisches. Womit sie ja recht hatte, da ich mich unpolitisch verhielt. Da war sie dann, die Trennlinie zwischen uns und auch die Grenze zur Clique der antifaschistischen Kinder. Was mir ansonsten gefiel, die Ferne zwischen ihnen und mir, schlug in solchen politischen Situationen in Fremde um, die mich aus der Gruppe ausschloß. Da kamen auch Aggressionen auf, gegenüber den zwei Wertungen und den zwei Wahrheiten: eine für die politisch Aufgeklärten und eine zweite für den aufzuklärenden Rest, der noch erzogen werden mußte.

Solange ich in der DDR lebte, gehörte ich zu denen, die noch nicht verstanden hatten, selbst nachdem ich meine wissenschaftliche Laufbahn schon aufgegeben hatte. Daß diese zwei praktizierten Wahrheitswerte die Grundlage politischer Herrschaft waren, begriff ich spät.

Im Studienjahr kam es nach dem Bekanntwerden des Briefes zum Eklat. Denn nicht nur die Heldenkinder protestierten. Andere nicht so privilegierte Studenten hatten auch ihre Probleme mit dem Einmarsch. Es wurden Stellungnahmen und Bekenntnisse zur Politik der Partei und zum sozialistischen Bündnis mit den Warschauer Vertragsstaaten eingefordert. Ich wurde durch mein

Erscheinen am 21. August den Studenten zugeordnet, die den Ernst der politischen Lage begriffen hatten. Ich schwieg zu dieser Feststellung. Mein Schweigen trug wesentlich dazu bei, daß ich in den kommenden Wochen nicht exmatrikuliert wurde. Von den nichtprivilegierten Studenten wurden einige exmatrikuliert. Ich ließ mich krank schreiben und vertiefte mich in Hegeltexte und die »Grundrisse der Politischen Ökonomie«.

Esther zu exmatrikulieren traute sich die Institutsleitung auf Grund der politischen Stellung ihres Vaters nicht. Sie wurde strafversetzt an das Institut für Marxismus-Leninismus der Universität. Zwei, drei Monate später wurde Esther als Forschungsstudentin der Universität bestätigt. Das bedeutete, daß sie schon im dritten Studienjahr mit ihrer Doktorarbeit beginnen konnte, um drei Jahre später, ohne ein Staatsexamen abzulegen, promovieren zu können. Selbstverständlich durften dies nur die besten Studenten der Universität. Das Forschungsstudium war eine von vielen unsinnigen Neuerungen der Hochschulreform und wurde einige Jahre später wieder abgeschafft. Für Esther war es eine Möglichkeit, an der Universität zu überleben. Die weniger privilegierten Studenten durften ihr Studium, wenn überhaupt, nur unter erheblichen Schwierigkeiten fortsetzen.

Nun war ich im Studienjahr allein. Am Institut kam politisch ein schärferer Wind auf. Von der politischen Säuberungswelle wurde auch mein Lieblingsprofessor für Geschichte der Philosophie und Ästhetik, Wolfgang Heise, betroffen. Er sollte eine politische Stellungnahme zu den Ereignissen in Prag abgeben. Da auch er in politisch kompromittierenden Situationen mit Kranksein reagierte, wurde sein Fall zu einer Zeit verhandelt, da ich schon wieder »gesund« war. Ich hatte keine Chance, der Versammlung zu entgehen. Er wurde allerlei politischer Abweichungen beschuldigt. Ich meldete mich und wollte ihn verteidigen, was ich sehr schlecht anstellte. Ich brach in Tränen aus und heulte bis zur Versammlungspause. In der Pause kam er zu mir und sagte freundlich, aber mit aller Strenge, wenn ich nicht sofort aufhörte mit dem Weinen und mich noch einmal zu Wort meldete, werde er kein einziges Wort mehr mit mir sprechen. Ich gehorchte, ja, gehorchen ist wohl das richtige Wort. Ich gehorchte der Vaterfigur, die er auch immer für mich war. Er flog vom Institut. Das heißt, er ging an das Institut für Ästhetik, freiwillig, wie betont wurde. Von dort hielt er weiter die Hand über mich und brachte mich philosophisch auf den Weg. Bei ihm lernte ich, was eine philosophische Frage ist, lernte Probleme von Scheinproblemen zu unterscheiden und wissenschaftlich redlich zu arbeiten. Alle meine Arbeiten, bis hin zur Dissertation, und mein erstes Buch über Hegel gingen durch seine Hand.

Irgendwann wurde ich erneut zu einem Parteigespräch eingeladen, weil mein zusätzliches Kandidatenjahr abgelaufen war. Es gab wieder Kaffee und Kuchen. Wir Kandidaten wurden wieder befragt, ob wir Verbesserungsvorschläge hätten auf dem Weg zum entwickelten Sozialismus. Als ich an der Reihe war, fragte man mich nach Christa Wolf. Man habe gehört, daß ich sehr eifrig über das Buch »Nachdenken über Christa T.« diskutiere. Das war eine politische Fangfrage. Ich hatte in diesem Moment nicht daran gedacht. Fand man das Buch von Christa Wolf gut, galt man als politisch unreif. Ich fand das Buch nicht nur gut, ich fand es sehr gut und platzte mit meiner Meinung heraus. Das Buch sei nicht nur sprachlich etwas Besonderes für die DDR, sondern auch inhaltlich: Eine Frau, die versucht, Ernst zu machen mit sich selbst und auf sich bestehen will, gegebenenfalls an ihrem Anspruch scheitern wird, und das im Sozialismus. Es war kein sinnloser Tod der Christa T. Sie wollte sich nicht aufgeben. Der einzelne sollte auch im Sozialismus ein Selbstbestimmungsrecht haben dürfen, und koste es ihn das Leben, schließlich habe gerade das die klassische deutsche Literatur festgemacht, auf deren Erbe wir uns berufen.

Das Resultat meiner leidenschaftlichen Stellungnahme für die Selbstbestimmung des einzelnen bis hin zum eigenen Tod war, daß ich wieder nicht in die Partei aufgenommen wurde. Schließlich gäbe es im Sozialismus keine Gründe, sinnlos zu sterben, so hieß das alles erfassende Argument. Ich sagte nichts mehr, nicht einmal, daß ich in eben diesem Sozialismus schon zweimal zu sterben versucht hatte. Es war sinnlos, war vergeudete Energie, soviel hatte ich verstanden. Seit diesem Gespräch hatte ich keine Lust mehr, in die Partei einzutreten, was ich auch sagte.

Zu meiner Verwunderung wurde ich als Kandidatin nicht gestrichen. Jonas hatte wieder mit der Institutsleitung gesprochen. Er war nicht einmal ärgerlich auf mich, was mich erstaunte. Er meinte nur, so könnte man das nicht sagen. Ich müsse lernen, die Dinge, die ich sagen will, so zu sagen, daß sie nicht angreifbar seien. Man könne schließlich außer Staatshetze alles sagen. Ich müsse endlich lernen, wie. Seitdem sprach er mit mir viel über Strategie und Taktik und gab mir Lenins »Was tun« und den »Linken Radikalismus, die Kinderkrankheiten des Kommunismus« zu lesen.

Mit meinem Lieblingsprofessor diskutierte ich, ob ich meinen Antrag auf SED-Mitgliedschaft nicht zurückziehen sollte. Er war strikt dagegen. Er meinte, es wäre für einen Wissenschaftler möglich, nicht in die SED einzutreten, aber es wäre unmöglich, den Antrag auf Mitgliedschaft zurückzuziehen. Das wäre das Ende meiner Möglichkeit, Wissenschaft zu machen. Da müßte ich nun schon durch, ob ich wollte oder nicht. Es sei denn, ich wollte mein Ziel »Wissenschaft« aufgeben, was er persönlich schade fände, ich hätte für Theorie so etwas wie einen siebenten Sinn. Ich solle mich daher zusammenreißen, schließlich brauche die Philosophie gerade Theoretiker.

Ich riß mich also zusammen. Schweigsam arbeitete ich für das Staatsexamen. Bevor ich zum Diplom zugelassen wurde, wurde ich wieder in die SED-Kreisleitung bestellt. Ich war nun soweit. Ich hatte verstanden. In der nächsten Runde zur Aufnahme in die Partei, enthielt ich mich jeglicher Kritik vor meinen Genossen. Ich hatte eine zynische Haltung zu meiner Parteimitgliedschaft erreicht. Mein Eintritt war daher eigentlich mein Austritt. Nach dem Universitätsrekord, drei Jahre im Kandidatenstand zu sein – üblich war ein Jahr – hatte ich die Bewährungsprobe bestanden. Ich war endlich reif für den Eintritt in die Kirche. Zugleich war ich angewidert von meinen Kompromissen, den »Opfern« für die Wissenschaft, wie ich mir einredete.

Zurückgezogen schrieb ich meine Diplomarbeit zum »Arbeitsbegriff bei Hegel« und hatte zu unterschreiben, daß ich dahin ginge, wohin mich die

Partei schicke. Natürlich wußte ich, daß ich nirgends hinginge, wohin nicht auch ich wollte. Während des Diplomjahres kümmerte ich mich daher selbst um eine Arbeit, die mit Forschung verbunden war. Mein Lieblingsprofessor gab mir den Tip, an der Akademie der Wissenschaften nachzufragen. Das Institut für Philosophie dort hatte zu jener Zeit zwei gleichberechtigte Direktoren. Ich meldete mich bei dem Direktor an, von dem ich gehört hatte, er sei, bevor er zur marxistisch-leninistischen Philosophie kam, Pfarrer gewesen. Ich hatte die Idee, bei einem ehemaligen Pfarrer, der in der russischen Kriegsgefangenschaft über das »Nationalkomitee Freies Deutschland« zum Kommunismus gekommen war, wahrscheinlich die größte Chance einer Verständigung zu haben. Und so war es dann auch. Über die Gregorianischen Gesänge und die Entwicklung der Solostimmen bis zu Hegel fanden wir zur Frage, worüber ich denn arbeiten wollte. Mit einem Vorvertrag für die Akademie und dem väterlichen Hinweis, Lenin in mein Programm aufzunehmen, verließ ich ihn.

Am Philosophischen Institut war inzwischen ein dogmatischer Kurs eingezogen. Es gab personelle Veränderungen. Vom Ministerium für Hochschulwesen war zur politischen Stärkung des Instituts ein Direktor für Erziehung und Ausbildung eingesetzt worden, er war nicht einmal promoviert, dafür aber ein scharfer Stasimann. An ihm kam ich nicht vorbei. Der Vorvertrag, den ich vom Philosophischen Institut bekommen hatte, mußte von ihm unterschrieben werden. Denn ohne seine Unterschrift war keinerlei Aussicht, an der Akademie der Wissenschaften anzufangen. Das Direktorat für Erziehung und Ausbildung hatte sich ausgedacht, mich nach Cottbus an eine Fachschule zu schicken. Dort sollte ich zu meiner eigenen Stärkung Marxismus-Leninismus unterrichten, auch damit ich mehr Kontakte bekäme zu den praktischen Grundfragen der Philosophie. Wenn ich meine Arbeit dort zwei Jahre ordentlich durchführte, könnte man darüber nachdenken, ob ich über ein theoretisches Problem promovieren konnte. Zuvor aber brauchte ich unbedingt mehr Praxiserfahrung. Ich sagte nichts dazu. Aber ich wußte, ich würde nicht nach Cottbus gehen, um Praxiserfahrung zu sammeln. Eher würde ich wieder im Glühlampenwerk arbeiten.

Der mich rettende Einfall kam mir, als ich hörte, der Direktor für Erziehung und Ausbildung trinke mitunter zuviel. Ich faßte den Plan, auf einem Fest zum Semesterende mir seine Unterschrift zu holen. Ich trank den ganzen Abend mit ihm und flirtete, so gut man mit einem Mann, den man alles andere als sympathisch findet, flirten kann. Durch meine Zeit als Bardame wußte ich so zu tun, als ob ich mittränke. Spät zog ich dann meinen absichtlich geknickten Vorvertrag aus der Tasche und bat ihn ganz nebenbei, doch mal seine Unterschrift dort links unten hinzusetzen. Er tat es auch, ohne nachzusehen, was er unterschrieb. Ich steckte das Stückchen Papier wieder ein und goß uns Wein nach.

Am nächsten Tag trug ich den Vertrag sofort in die Akademie. Als ich Wochen später dann zu dem Direktor für Erziehung und Ausbildung bestellt wurde, hatten wir eine heftige Diskussion über die Frage, wie die Unterschrift unter den Vertrag gekommen war. Ich sagte, der Direktor für Erziehung und Ausbildung war so betrunken, daß er nicht mehr wußte, was er unterschrieb. Wenn er wolle, daß das öffentlich werde, könne er protestieren. Dann müsse man in der Tat diskutieren, daß der Genosse Direktor seiner politischen Wachsamkeit unter Alkoholeinfluß nicht mehr gerecht werde. Aber er könne das Ganze auch vergessen und mich ziehen lassen. Ich würde den Mund halten, ich verspräche es. Der Vertrag liege sicher in der Akademie der Wissenschaften. Er war außer sich vor Wut. Das würde ich bereuen, tobte er, verwies mich des Zimmers und kam nicht wieder darauf zurück.

Je mehr ich mich in die Philosophie hineinfand, um so mehr entfernte ich mich von Alex. Dabei sah es für mich eine Zeitlang so aus, als ob wir uns annäherten. Denn nachdem sich Alex in den ersten Jahren gesträubt hatte, auf meine philosophischen Fragestellungen einzugehen, diskutierte er sie nun mit mir. Nur manchmal noch bat er mich beinahe inständig, ich solle aufhören, diese metaphysischen Fragen zu stellen. Er halte sie nicht aus. Ich nahm mich dann auch zurück für eine Weile, aber irgendwann platzten sie wieder aus mir heraus.

Eines Abends, es war kurz vor meiner Diplomverteidigung, las ich Alex voller Begeisterung etwas aus den Frühschriften von Hegel vor: »Vielleicht muß man das Leben nicht als Vereinigung, Beziehung allein, sondern muß es zugleich als Entgegensetzung denken … Liebe kann nur stattfinden gegen das Gleiche, gegen den Spiegel, gegen das Echo unseres Wesens.« Alex sprang auf, machte den Fernseher aus, in dem er ein Fußballspiel ansah, und tobte. Er könne diesen philosophischen Kram nicht mehr hören. Nach einer Weile weinte er und sagte, alles sei durcheinandergekommen in seinem Denken. Eigentlich wisse er nicht mal mehr, ob er Alex heiße oder ob es nur eine Halluzination sei, daß er heiße, wie er heiße. Er wisse auch nicht mehr, ob oben wirklich oben und nicht unten sei. Er habe das Gefühl, er werde jeden Augenblick verrückt. Es interessiere ihn auch nicht mehr, was geschehe, falls überhaupt etwas geschehe. Alex zitterte heftig, dann brach er weinend zusammen. Ich kam nicht einmal mehr dazu zu sagen, daß es doch großartig sei, daß er endlich verstanden hätte, daß unser Wissen und damit unsere Sicherheiten fragwürdig waren, wir daher nur im definierten Raum mit Bestimmtheit sagen könnten, was galt, daß er also endlich begriffen habe, um was es ginge, wenn es um Sein und Wesen ging.

Ich sagte es nicht mehr. Ich verstand für einen Augenblick, daß Alex psychisch zu gesund war für meine metaphysischen Verzweiflungsspiele, mit denen ich versuchte, die reale Welt zu ignorieren, weil die, in der ich herumlief, mir unerträglich blieb. Ich verstand, wenn ich noch irgend etwas für Alex tun könnte, dann war es, ihn in Ruhe zu lassen und zuzusehen, daß er in seine gesunde und konkrete Welt zurückfinde. Und das hieß letztlich Trennung.

An diesem Abend versuchte ich, Alex zu besänftigen, was mir nicht gelang. Ich telefonierte mit seiner Schwester. Wir brachten ihn mit Beruhigungsmitteln über die Nacht. Als er am nächsten Morgen noch immer weinte, holten wir einen Arzt. Alex wurde in eine psychiatrische Klinik eingewiesen. Dort blieb er acht Wochen.

Ich hatte heftige Schuldgefühle, weil ich nicht bemerkt hatte, wie sehr ich Alex durcheinandergebracht hatte. Ich besuchte ihn, sooft ich konnte. Die Ärzte sagten, ich sollte die Besuche reduzieren, da Alex mit Unruhe und depressiver Verstimmtheit auf sie reagierte. Seine Schwester sprach über eine mögliche Trennung. Es kam zu einer friedlichen Scheidung. Ich fühlte mich nicht gut.

Mit dem Diplom in der Tasche, längst noch nicht dreißig, schon zweimal geschieden, begann ich Ende 1970 als Assistentin am Philosophischen Institut der Deutschen Akademie der Wissenschaften zu arbeiten.

6

Auf der Suche nach einem Ort, an dem ich politisch unerreichbar werden konnte, war ich diplomierte Philosophin geworden. Auf der Suche nach Erklärung der Welt hatte ich alle sozialistischen Prüfungen des »opportunistischen Konsens« bestanden. Ich hatte mein Leben in ein wahres und in ein falsches zu teilen gelernt. Im falschen Leben machte ich, was zu machen war, um der Sache willen. Und die Sache war nach wie vor die Suche nach einer vernünftigen Theorie.

Sinn finden, um den Verstand nicht zu verlieren. In den Räumen der Theorien stimmte nicht nur, was ich dachte, wenn ich es lange genug im Kopf hin und her schob. Im fiktiven Raum löste sich meine Hilflosigkeit, die mir die Sprache verschlagen hatte. Hier galten Gesetze einer logischen Welt, an die das politische Tagesgeschehen nicht rütteln konnte. In dieser Zeit, da ich an die Unfehlbarkeit der Theorie glaubte, hatte ich allerdings keine Ahnung, daß es ein Glaube war, den ich praktizierte. Erst Jahre danach wurde mir bewußt, daß ich in den Büchern der Hegelschen »Logik« nach der Entstehungsgeschichte des »Absoluten Geistes« suchte, der bei Hegel nicht zufällig auch Gott hieß. Ich wollte mich, wie Gläubige anderer Konfessionen in den Büchern Moses oder in den Evangelien, Gott vergewissern. Ich suchte nach einem Echo, auf das ich zurückkommen konnte, unter allen Umständen

Ich war also auf der Suche nach Gott in Gestalt der absoluten, der reinen Theorie. Sie würde groß genug sein, um die Widersprüche aus dieser Zeit und der Zeit davor aushalten zu können. Denn zu lange schon wußte ich nicht, für welches Ende ich bestimmt war, auch weil kein Ende abzusehen war. Da war kein Halt, nur ineinanderstürzende Trennungen, Trennung nun wieder von Alex.

Den Weg mit Vernunft pflastern! Die Klagen des Körpers auf Null drehen. Das Gesicht so lange abwenden, bis ich mich nicht mehr in ihm sah. So wollte ich es handhaben nun mit mir: Mit Kategorien und Begriffen den hellen Tag verhängen, auch weil ich nicht wußte, wozu der Himmel gut war, in dem kein Platz für mich schien.

Ich war also aufgenommen worden in die heilige Familie der Philosophen. In den ehrwürdigen Hallen der Akademie der Wissenschaften, von Leibniz gegründet, von den Humboldts zu Ansehen und Ehren gebracht, begann ich mein Versteck auszubauen.

Für die politische Funktion eines Philosophischen Institutes an der Akademie der Wissenschaften in der DDR interessierte ich mich zu jener Zeit nicht, war sie doch eine der am wenigsten politisierten philosophischen Landesanstalten. Daß die Akademie der Wissenschaften die größte Forschungs-Institution des Landes war, daß dort etwa 25 000 Mitarbeiter an mehr als 50 Zentralinstituten angestellt waren, und davon etwa 3000 Geisteswissenschaftler, habe ich erst nach 1989 registriert. Daß die Grundlage der Forschung Staatsaufträge bildeten, wußte selbst ich. Daß die Forschungsaufgaben für die gesellschaftswissenschaftlichen Institute direkt vom Zentralkomitee der SED formuliert wurden, hatte ich gehört, nur interessierte es mich nicht.

Ich wollte nicht wissen, daß das Institut für Philosophie eine der wichtigen Stätten für die Legitimation der SED-Politik war. Mit diesem Wissen hätte ich mich auseinandersetzen müssen. Für mich war das Institut die zivilisierteste Anstalt für Philosophie in der DDR, was akademisch gesehen auch stimmte. Sie war das zivile Aushängeschild. Genau das war ihre Funktion innerhalb der Gesellschaftswissenschaften in der DDR. Hier wurde die Politik der SED für das westliche Ausland salonfähig gemacht.

Aber darüber dachte ich damals nicht nach. Mein Wunsch war es, in der Abteilung für Geschichte der Philosophie abzutauchen, um mich nicht in das viel unseriösere politisch-philosophische Tagesgeschäft begeben zu müssen.

Ich dachte eher darüber nach, wie mit den Kollegen am Institut hinzukommen war. Da Hochschulabsolventen erst seit zwei Jahren zur Promotion an der Akademie zugelassen wurden, war ich 1971 eine der ersten Absolventinnen. Das Durchschnittsalter der Kollegen lag um die Fünfzig. Meine Rolle als »die Kleine« ergab sich beinahe natürlich, obwohl ich schon sechsundzwanzig war. Ich wurde mit mütterlichen und väterlichen Ratschlägen geradezu überschüttet. Mehr essen sollte ich und mehr schlafen und lesen nicht bis spät in die Nacht, weil ich ewig blaß durch die altehrwürdigen Hallen lief. Diese Rolle war äußerst bequem. Mein akademisch uneingeübtes Verhalten erleichterte mir das Spiel.

So gut es ging, versuchte ich, mich der Aufmerksamkeit der Kollegen zu entziehen. Das ließ sich einrichten. Denn das Einmalige dieser Forschungseinrichtung bestand darin, daß die Mitarbeiter wegen Raummangels weitgehend zu Hause arbeiten mußten. Es gab nur die sogenannten Präsenztage, die jeder Mitarbeiter einzuhalten hatte. Das bedeutete, daß man zweimal in der Woche in der Akademie erscheinen mußte. Natürlich war das großartig, niemand interessierte sich für das, was ich tat. Ich hatte anfangs das Gefühl, permanent im Urlaub zu sein und dafür auch noch bezahlt zu werden.

Als ich zwei Wochen nach meiner Einstellung einen Vertrag über die »Altersversorgung für Wissenschaftler« in meiner Ablage zur Unterschrift vorfand, bekam ich einen Lachanfall. Die Wortkombination Intelligenz-Rente, wie es im Anschreiben der Sekretärin hieß, war zu komisch. Auf seine Intelligenz eine Rente zu bekommen, hatte ich als Möglichkeit noch nicht angedacht. Die Kaderleiterin, eine stramme Stasifrau mit aschblond gefärbten Haaren, reagierte auf mein Gekicher gereizt. Heute weiß ich, mein Lachen sollte mir auch die Vorstellung aus meinem Kopf vertreiben, die Akademie könnte meine Endstation sein. Die Mitarbeiter erklärten mir, was für ein Privileg es sei, in den Genuß dieser Altersversorgung zu kommen, läge diese Rente doch um einiges höher als die normale.

Als ich nach zehn Jahren reinen akademischen Daseins aus der Akademie ausschied, forderte die Personalabteilung das Privileg für »beamtete« Philosophen, meine grüne Versicherungspolice für die Intelligenz-Rente, unnachgiebig zurück.

Meine erste Arbeitsaufgabe am Institut für Philosophie war eine Strafarbeit. Ich hatte zu Lenins Werken in 40 Bänden ein Sachregister zu erstellen, das die Sachworte: Arbeiterklasse, Klassenkampf, Klassenbewußtsein und Volksmassen umfassen sollte. Der ehemalige Pfarrer und zu dieser Zeit noch zweite, autonome Institutsdirektor sagte, er habe mir diese Aufgabe gegeben, weil ich gerade über den Inhalt dieser Sachworte konzentrierter nachdenken sollte. Er habe von der Universität gehört, daß politisch mit mir gearbeitet werden müßte. Da er demnächst an einem »Abriß zur Geschichte der marxistisch-leninistischen Philosophie« schreiben würde, träfe sich das gut. Bei der Erfassung dieser Wörter in den 40 Bänden würde ich etwas für mein Leben lernen können. Das Jahr, das er mir für diese Arbeit gäbe, würde mich weiterbringen. Ich könne, wann immer ich wolle, mich mit Fragen an ihn wenden. Nach diesem Jahr könnten wir dann über eine Arbeitsaufgabe zu Hegel sprechen. Anhand des »Philosophischen Nachlasses« von Lenin könnte ich mich mit den wichtigsten Gedanken von Hegel für den Marxismus-Leninismus schon vertraut machen. Das war die Rache des Direktors für Erziehung und Ausbildung der Humboldt-Universität für seine Unterschrift auf meinem Arbeitsvertrag.

Ich trainierte die Fähigkeit des Schnellesens und die Erfassung einzelner Worte, ohne ihren Inhalt aufzunehmen. Nachts ging ich wieder ins Glühlampenwerk arbeiten. Ich arbeitete meinen Teil der Schulden ab, die Alex für seine Gebrauchtwagen gemacht hatte. Ich dachte, wenn ich mithelfen würde, die Schulden zu tilgen, könnte ich auch einen Teil meiner Schuldgefühle ihm gegenüber abtragen. Meine Beziehungen zu den Bandarbeiterinnen waren gut. Unsere Kollegialität drückte sich darin aus, daß wir uns einig waren, nicht unnötig schnell zu arbeiten, daß wir Rauchpausen organisierten und, wenn wieder irgendein Band ausfiel oder keine Glühbirnen zum Verpacken da waren, wir Skat oder Poker um einen Zehntelpfennig spielten und uns die Zeit vertrieben. Einig waren wir uns auch, daß wir uns von den volkseigenen Glühbirnen soviel nahmen, wie wir brauchten, und den Grundsatz »Jeder nach seinen Fähigkeiten, jedem nach seinen Bedürfnissen« in die praktische Tat umsetzten.

Einmal kam ich übernächtigt von der Nachtschicht zu meinem sogenannten Präsenztag in die Akademie. Es war ein Institutskolloquium zum Thema »Entfremdete Arbeit« angesetzt worden. Mir lag das Frühstück, Rührei mit Schinken, aus der Betriebskantine schwer im Magen. Der Kollege erklärte mit enormem philosophischem Aufwand, daß es im Sozialismus objektiv keine Entfremdung geben könnte. Ich spielte mit der Idee, zu sagen, daß ich gerade aus der Nachtschicht komme und den Klang der entfremdeten Arbeit noch höre. Aber ich beherrschte mich und machte artig den Vorschlag, im Rahmen einer Solidaritätsaktion eine Nacht- oder Tagschicht im Glühlampenwerk »Narva« zu organisieren und den Erlös zu spenden. Bei der Fabrikarbeit selbst könnten wir sehen, ob die Tätigkeit entfremdet sei oder nicht. Einige Mitarbeiter waren unsicher, ob ich sie veralbere, denn niemand hier wußte, daß ich dort meine Nächte verbrachte. Der Kollege, der über das Thema referierte, fing sich als erster wieder und erklärte mir, daß ich so mechanistisch Theorie und Praxis nicht verbinden könnte. Ich sagte nichts mehr und schaltete ab. In meinem Kopf zerflossen die Unterschiede zwischen Nacht- und Tagschicht zu Tanzschritten, denen ein Libretto fehlte. Mein Notizbuch aus dieser Zeit war voll von solchen Tanzschritten und von Figuren für ein Ballett, in dem ich zusammenführen wollte, was getrennt für sich stand, die »Bandarbeit« und die »reine Vernunft«.

Nach gut einem Jahr hatte ich den von mir übernommenen Teil der Schulden für die gekauften Gebrauchtwagen abgearbeitet. Auf meinem Gehaltskonto kam regelmäßig Geld an. Ich konnte meine Nachtschichten im Glühlampenwerk einstellen.

Weil ich die Tanzschritte und die Idee eines Librettos aber nicht aus meinem Kopf bekam, ging ich an meinen Präsenztagen vormittags häufig zu Ballettproben in die Komische Oper. Ich hatte bald begriffen, daß die Anwesenheitstage in der Akademie eine formale Angelegenheit waren. Es reichte aus, morgens pünktlich die Tasche im Raum abzulegen, einige Fachbücher auf dem Tisch auszubreiten, zu sagen, ich ginge in die Bibliothek und sei spätestens zum Mittagessen zurück. Da an Arbeiten in dem Akademiezimmer, in dem etwa sechs Geschichtsphilosophen beieinandersaßen, ohnehin nicht zu denken war, reichte es, wenn einer dort blieb, um bei Nachfragen sagen zu können, die anderen seien in dieser oder jener Angelegenheit gerade unterwegs. In unregelmäßigen Abständen gab es nämlich von seiten der Institutsleitung Anwesenheitskontrollen. Das erinnerte ein wenig an Schule, und so verhielten sich denn auch die Mitarbeiter. Einer deckte die anderen. In bescheidenen Grenzen wurde auf diese Weise die individuelle Gestaltung des Präsenztages am Philosophischen Institut möglich. Die einen gingen einkaufen, die anderen tatsächlich in die Staatsbibliothek oder ins Café. Ich ging ins »Espresso«, wo sich das halbe Institut an Präsenztagen traf, oder ich ging zur Probe in die

Komische Oper. Sie war ganz in der Nähe. Dort erfuhr ich, daß es eine Gruppe »Junger Tänzer« gab, und bewarb mich um Teilnahme. In meinem anderen Leben mit der Musik hatte ich auch jahrelang Ballettunterricht gehabt. Er reichte für den Gruppentanz, wenn ich regelmäßig übte. Als ich mich irgendwann einmal ahnungslos bei einer Parteiversammlung entschuldigen wollte, weil die Ballettprobe gleich begänne, durfte ich nicht gehen. Der Parteisekretär stellte mich allen Ernstes vor die Entscheidung, entweder zu tanzen oder Philosophin zu werden. Beides ließe sich nicht miteinander vereinbaren. Ich versuchte zu erklären, schließlich hätte Marx davon gesprochen, daß das freie Sein unter anderem darin bestünde, morgens zu fischen, mittags das Feld zu bestellen und abends philosophischer Kritik nachgehen zu können. Da meine Äußerungen als politisch unreif ausgelegt wurden, suchte ich mir für das nächste Mal eine politisch reifere Ausrede.

In dieser Zeit entstand die Idee, Hegels »Phänomenologie des Geistes« in ein Ballett umzuwandeln. Ich suchte den Text nach möglichen Tanzschritten ab und fand sie auch. Am liebsten arbeitete ich in den endlosen Versammlungen des Institutes an meinem Libretto. Da es viele Versammlungen gab, nahm das Ballett Gestalt an, bis ich an einem Nachmittag jäh aus meinem Wachtraum gerissen wurde, die gähnende Langeweile ging plötzlich und unerwartet in ein Drama über. Drei Furien im Politkostüm fielen über den anderen, mit meinem Pfarrer gleichberechtigten Institutsdirektor her. Daß der andere Direktor der eigentliche Chef des Institutes war, wußte selbst ich, mehr wollte ich zu dieser Zeit nicht wissen, auch weil ich mit meinem ehemaligen Pfarrer zurechtkam. Die wildgewordenen Damen hatten, wie ich später erfuhr, von der SED-Bezirksleitung den Auftrag, diesen eigentlichen Chef des Institutes zu stürzen. Ihr Auftritt war inszeniert. Binnen kurzem entstand eine hysterische Lynchstimmung, die so widerlich war, daß kaum mehr Luft zum Atmen blieb. Die Versammlung dauerte über sieben Stunden. Als sie zu Ende war, lief ich Stunden durch die Straßen und heulte über so viel Niederträchtigkeit. Irgendwann begann ich, in den städtischen Blumenanlagen einen riesengroßen Strauß Herbstblumen zu pflücken. Dabei beruhigte ich mich. Der Strauß war sehr schön. In einer Telefonzelle suchte ich die Adresse des Institutsdirektors heraus, lief zum Alexanderplatz und klingelte an seiner Haustür. Er öffnete selbst. Wortlos gab ich ihm den Blumenstrauß. Wortlos bat er mich in die Küche und machte mir einen Kakao, an dem ich mir die Hände wärmte. Erst jetzt merkte ich, wie sehr ich fror. Er legte mir eine Decke über und setzte sich. Alles geschah, ohne daß ein Wort gesprochen wurde. Wir saßen am Küchentisch, bis es draußen hell wurde. Dann bestellte er ein Taxi und sagte, besser wäre es jetzt wohl, wenn ich noch ein paar Stunden schliefe.

Seit jener Nacht verband uns ein tiefes Einverstandensein in ein Schweigen, das wir unbedingt erhalten wollten. Es hatte etwas zu tun mit eingestandener Hilflosigkeit. Da war eine Sprache unterhalb der Sprache, die wir miteinander gefunden hatten. Beide wußten wir von der Einmaligkeit dieses Schweigens, auch deshalb sind wir uns nie nähergekommen. Dieses Schweigen hat mich beschützt in den kommenden Akademiejahren. Denn bald war er der allein herrschende Direktor und wurde zu dem am meisten gefürchteten Institutsdirektor an der Akademie der Wissenschaften überhaupt. Er war der intelligenteste und differenzierteste Intrigant, den ich in der DDR kennengelernt hatte. Aber mich hatte er immer herausgehalten. Wenn er von allen anderen Mitarbeitern bald bedingungslose Unterwerfung unter seine Institutspolitik forderte, forderte er von mir diese Distanz, in der das Schweigen jener Nacht am Küchentisch seinen Klang wiederfand.

Das »Lenin-Jahr« neigte sich seinem Ende zu. Ich hatte alle Hände voll zu tun, weil ich den Zeitaufwand für die Erarbeitung des Registers heftig unterschätzt hatte. Ich bat zwei wissenschaftlich-technische Assistentinnen vom Institut, mir zu helfen, das Register zu erstellen, und bezahlte ihre Arbeit. Sie schrieben für mich während der Arbeitszeit im Institut die Karteikarten. Mit Müh und Not schaffte ich den Termin. Drei Handschriften in meinem Register. Der ehemalige Pfarrer hat mich nie daraufhin angesprochen. Als er drei Jahre später in Rente ging, holte ich mir die fünf Karteikästen aus seinem Arbeitszimmer. Sie waren mit anderen Papieren zur Seite gestellt worden, um vom Altstoffhandel abgeholt zu werden. Auf den Rückseiten der Karteikarten habe ich später die Metaphern und Zitate für meinen Roman »Nächte mit Hegel« gesammelt.

Ich mußte meinen Arbeitsstil ändern. Dies war das eigentliche Lernergebnis bei der Fertigstellung des Registers.

Ein wenig hatte ich mich reingefunden ins philosophische Institut, hatte die Mitarbeiter kennengelernt, unter ihnen war Carla. Sie war 15 Jahre älter und theoretisierte unentwegt über das dialektische Gesetz der »Negation der Negation«, mit dem sie alles umstoßen wollte. Sie hatte wie ich die Idee, mit der Theorie die Welt verändern zu können, wenn die Theorie nur gut genug gebaut sei.

Carla kam vom Lande und war von der Mentalität her Bäuerin geblieben. Ihre Augen strahlten, wenn sie Beeren sammelte, um sie zu Marmelade einzukochen. Sie war glücklich, wenn wir im Wald Pilze fanden, um sie zum Abendbrot zuzubereiten. Ich habe Carla öfter gefragt, wie sie ausgerechnet in der Philosophie gelandet sei. Sie verstand meine Frage nicht. Sie sah mich in solchen Augenblicken an, als sei ich ein Wesen von einem anderen Planeten, und verwarf letztlich die Frage mit freundlich-mütterlichem Lachen. Ich war für sie die versponnene, aber theoretisch Begabte, die sie beschützen wollte, was sie auch tat.

Jenseits meines akademischen Lebens wußte ich oft nicht, wohin. Die Philosophie, in die ich hineingeraten war, löste keine einzige meiner Fragen nach dem Woher und dem Warum. Im Gegenteil, sie zog mich immer tiefer in etwas hinein, das ich eigentlich nicht meinte. So hatte ich zwar über die Jahre gelernt, auf beinahe jede Frage eine Antwort zu geben. Das entsetzliche daran war nur, die Antworten halfen mir nicht über die Nacht. Es sollten Jahre vergehen, bis ich begriff, daß diese Philosophie von ihrer Grundlage her gerade für das Leben nichts taugte, ja, per Definition für das einzelne Individuum nicht gemacht war. Im Gegenteil, daß für das Individuum kein Platz war in der sogenannten marxistisch-leninistischen Philosophie, daß der konkrete einzelne Mensch zu opfern war für die große Sache, wenn notwendig millionenfach, wie Stalin es getan hatte.

7

Ich hatte mein Leben nicht nur zu teilen gelernt in ein falsches und in ein wahres. Ich hatte gelernt, es in mehrere falsche und mehrere wahre zu teilen. Und ich habe diese Teilungen gelebt. Je besser ich es verstand, mit Definitionen und ihrem Geltungsbereich umzugehen, um so mehr gelang es mir, mein Leben von meinem Leben zu trennen. Ich hörte auf, über Entfremdung zu reden. Ich lebte sie bald mit zunehmender Virtuosität.

Nur nachts, kurz vor dem Einschlafen, begannen die vielen Leben ineinanderzufallen. Dann sprang ich mitunter aus dem Bett, nahm eine Schlaftablette oder auch zwei. Wenn sie nicht halfen, zog ich mit meiner Angst in irgendeine Kneipe. In solch einer Nachtkneipe habe ich Emanuel kennengelernt. Wir redeten, bis der Laden schloß. Emanuel brachte mich nach Hause und blieb. Er machte mir am nächsten Morgen Frühstück und blieb. Er heizte, kaufte ein und blieb. Es war Liebe aus Erschöpfung. Er kochte mir Essen, es war das erste warme Essen seit Wochen. Es war Liebe und Erschöpfung. Ich nannte ihn Emanuel von Anfang an, obwohl er Thomas hieß. Er hatte nichts dagegen, daß ich ihn bei seinem zweiten Vornamen rief. Emanuel blieb zig Tage. Wir hatten sie nicht gezählt. Dann sagte er, er müsse gehen, um einiges zu regeln, und käme in etwa vier Wochen wieder. Einen Monat später stand er mit seinem Schreibtisch und zahllosen Bücherkisten in der Tür.

Wir liebten uns und arbeiteten viel. Emanuel mußte bis zum Frühjahr seine Doktorarbeit fertig haben. Ich begann in jener Zeit, zur reinen Selbstverständigung dies und das aufzuschreiben. Dann stellte ich es in der Arbeitsgruppe zur Diskussion. Die Kollegen waren voller Respekt, daß »die Kleine« in so kurzer Zeit dreißig Seiten geschrieben hatte. Der Inhalt des Geschriebenen war relativ uninteressant. Wichtig war die Seitenzahl, sie war ein Fetisch am Institut, wie ich begriff. Ich gab meinen Tick, Papier sparen zu müssen, auf. Ich stellte meine Schreibmaschine auf zweizeiligen Zeilenabstand ein und teilte die Seiten großzügiger auf. Ich bekam den Ruf, viel zu arbeiten. Ähnliche Quantitätskriterien galten auch bei der Buchausleihe. Es wurde gezählt, wie viele Bücher die Mitarbeiter ausliehen. Ich trug daher oft Reisetaschen voller Bücher nach Hause und wieder zurück ins Institut und bekam den Ruf: Die Kleine ist fleißig und liest viel. Man ließ mich daher ziemlich in Ruhe.

Der Winter, der kam, schloß Emanuel und mich enger zusammen. Wir brauchten nicht viel, vor allem keinerlei Erklärungen. Wir reichten einander. Mit den Kohlen reichten wir auch über den Winter. Als der Frühling kam, schlug Emanuel vor zu heiraten. Die Idee war gut. Wir heirateten, sagten es niemandem und fuhren nach Prag.

Nachdem wir zurückgekommen waren, nahm ich mir vor, mich ernsthafter um meine Doktorarbeit zu kümmern. Ich war entschlossen, in der Akademie zu kündigen, wenn ich nicht über Hegel arbeiten könnte. Ich hatte mit meinem Lieblingsprofessor bereits gesprochen. Er wollte, daß ich über lineare und nichtlineare Zeitstrukturen in der Musik arbeitete. Er wollte es schon seit Jahren. Er war um eine Stelle für mich bemüht. Entschlossen, nach meiner ausgeführten Strafarbeit in Sachen Lenin auch am philosophischen Institut zur eigentlichen Philosophie zurückzukehren, ging ich nach unserer Hochzeitsreise in die Akademie. Ich teilte in der Personalabteilung meine Namensänderung mit. Der Name sei schwierig zu schreiben, aber ich würde ihn schon lernen.

Ob ich mit Jürgen Kuczynski etwas zu tun hätte. Selbstsicher sagte ich nein. Er hieße Emanuel, eigentlich sogar Thomas. Ich kannte Jürgen Kuczynski tatsächlich nicht, denn ich las keine Tageszeitungen, auch keine Wochenzeitschriften. Ich hatte meine Abneigung gegen den politischen Jargon über die Jahre nicht ablegen können. Für mein Fachgebiet »Hegel und die reine Theorie« brauchte ich Gott sei Dank keine Zeitung. Und da Jürgen Kuczynski zu Hegel nie etwas publiziert hatte, war er mir als Name aus der Sekundärliteratur nicht bekannt.

Die Frage nach Jürgen Kuczynski wiederholte sich. Ich konnte sie ehrlich verneinen. Irgendwann hatte Emanuel schon etwas von seinen Eltern erzählt. Aber es war ganz nebenbei, so nebenbei, wie ich von meinen Eltern erzählt hatte, woraus ich schloß, daß sich Emanuel ebensowenig aus Eltern machte wie ich. Das kam mir entgegen.

Keine acht Tage nachdem ich meine Namensänderung im Institut für Philosophie bekanntgegeben hatte, wurde ich zu dem nun schon allein herrschenden Institutsdirektor gerufen. Es war das erste Mal seit unserer Begegnung am nächtlichen Küchentisch, daß wir miteinander sprachen. Auf dem Sessel lagen meine Diplomarbeit und eine Jahresarbeit aus dem 3. Studienjahr. Ich erfuhr, daß sie beide ordentlich gearbeitet seien. Die Diplomarbeit verrate erstaunliches Abstraktionsvermögen und sprachliche Begabung. Die Stimme, die hier zu mir sprach, war eine der zahllosen Vaterstimmen, die ich aus meinem immer auch etwas verwahrlosten Leben kannte. Warum ich nicht bei

Hegel geblieben sei? Ehe ich zu einer Antwort fand, machte er den Vorschlag, meine Diplomarbeit doch zu einer Dissertation auszuweiten. Er würde sie betreuen. In vier Monaten sollte ich mich wieder bei ihm sehen lassen und eigene Vorstellungen zum Thema unterbreiten. Danach lag dieses Schweigen wieder im Raum. Einen Augenblick lang hörten wir ihm zu. Dann stand er auf, verabschiedete mich wortlos und brachte mich zur Tür. Als ich beinahe schon das Sekretariat verlassen hatte, rief er mir nach, ich solle Jürgen Kuczynski grüßen.

Als ich wieder auf dem Flur des Instituts stand, war mir schwindlig. Dann trieb es mich in die Akademiebibliothek. Ich schlug im alphabetischen Katalog den Namen Kuczynski nach und war überrascht über die Buchtitel; sie wollten kein Ende finden. Zu Hause fragte ich Emanuel, ob sein Vater Jürgen hieße. Verharmlosend sagte er ja, wir seien am Freitag zum Essen eingeladen. Auf meine Frage, warum er mir nicht gesagt habe, daß sein Vater endlos viele Bücher geschrieben habe, meinte er trocken, ich hätte nicht danach gefragt.

Später erfuhr ich, daß Emanuels erste Ehe in die Brüche gegangen war, weil es der Frau mehr um den renommierten Namen und weniger um Emanuel gegangen war. Emanuel kam es daher sehr entgegen, daß ich von seiner privilegierten Familie nichts wußte.

Es kam der Freitagabend, da wir zum Essen eingeladen waren. Ich war ein wenig irritiert, als ich begriff: Hier hatte sich eine Familie zusammengefunden, die sich immer freitags hier zusammenfand. Die Familie war ziemlich groß, und ich war die Neue. Ich verstand, warum Emanuel Freitag abends oft keine Zeit hatte für uns.

Schön, daß du gekommen bist, begrüßte mich Emanuels Vater. Thomas hat uns schon viel erzählt von dir, mein Kind. Wie war denn die Reise? Wart ihr auf der Burg? Habt ihr im Garten der Nationalgalerie den »Johannes« von Rodin gesehen? Ist er nicht wunderschön, fragte seine Mutter.

Emanuel war sehr zufrieden und erzählte drauflos. Als die Neue wurde ich im Eßzimmer vorgeführt. Auf Familie war ich nicht vorbereitet. Vieles hier erinnerte mich an meine Großmutter, das Meißener Porzellan, das Besteck, die Webart der Stoffservietten, das gespickte Rinderfilet. Ich hatte vergessen, daß es Spicknadeln gab. Besteckablagen auf Damasttischdecke, das sah unwirklich aus und kam mir als Inszenierung entgegen. Dazu der Kronleuchter über dem Tisch und Möbel, 18. und 19. Jahrhundert. Das Ganze mitten in Ost-Berlin. Ein altehrwürdiges Haus voll von Möbeln aus verschiedenen Jahrhunderten und Büchern aus drei Generationen, wie ich bald erfuhr. Auf dem Flur hatte ich schon beim Betreten des Hauses eine Kollektion Liebermann gesehen. Später erfuhr ich, daß es Originale waren.

Das Tischgespräch war die Fortsetzung von zahllosen Tischgesprächen. Seine Gegenstände reichten von Aristoteles über Turgot zur aktuellen Politik und zu den letzten Beschlüssen des zigsten SED-Parteitages, auf dem die Rede Erich Honeckers als besonders gut befunden wurde. Dann kam das Gespräch auf die Akademie der Wissenschaften, weil der Rat für Gesellschaftswissenschaften gerade getagt hatte. Das Zentralkomitee der SED fand, daß …

Ich begriff nicht genau, wo ich da hineingeraten war, aber ich verstand, daß ich irgendwo hineingeraten war, wo ich eigentlich nichts zu suchen hatte. Da war diese eigenwillige Diskrepanz zwischen feinster Mousse-Schokolade, wie ich sie aus ferner Zeit bei meiner Großmutter gegessen hatte, und Lob auf die letzte Rede von Honecker, die so vorzüglich war. An der Wand im Eßzimmer hing ein Original von Käthe Kollwitz. Ich bekam das Puzzle nicht zusammen. Beklemmung stieg in mir auf und eine unbändige Wut, in der auch Haß war. Das war also die bourgeoise Variante der DDR-Elite. Sie konnte Mousse-Schokolade, Liebermann und die Dummheit eines Erich Honecker in ein Gespräch bringen, ohne daß sie sich am Rinderfilet verschluckte. Als mich meine gerade kennengelernte Schwiegermutter fragte, ob ich noch ein

Glas vom Chianti möge, warf ich mein Rotweinglas über den Tisch und schrie etwas von roter Aristokratie, na großartig, und das mitten in Ost-Berlin, dann heulte ich los. Meine neue Schwiegermutter sagte sehr ruhig, wenn ich mich unwohl fühlte, könnte ich mich oben in ihrem Zimmer hinlegen. Sie bat Emanuel, mir den Weg zu zeigen. Ich tobte noch einmal los. Ich brauchte mich nicht hinzulegen. Mir sei nur kotzübel, wenn ich das hier sähe, und verließ wütend das Haus.

Emanuel kam mir sehr bedrückt nach. Ich versuchte keine Entschuldigung und dachte, das Problem »Familie« wäre damit erledigt.

Am Tag danach rief meine Schwiegermutter an und fragte, ob es mir besser ginge. Sie habe sich Sorgen gemacht und unruhig geschlafen. Sie meinte, wenn ich nicht wollte, brauchte ich natürlich nicht zu den Familienessen zu kommen. Jürgen und sie würden das verstehen. Sie machten sich allerdings etwas Sorgen um meinen Gesundheitszustand. Meine Nerven seien anscheinend nicht die stärksten. Außerdem habe ihr Emanuel erzählt, daß es auch meinem Schlaf nicht besonders ginge. Sie würde sich gern irgendwann einmal mit mir darüber beraten, vielleicht fände man gemeinsam einen Weg. Aber natürlich nur, wenn es mir recht sei. Also, alles Gute, mein Kind. Wir warten auf deinen Anruf. Und Grüße an Emanuel.

Ich war irritiert. Ich hatte gehofft, das Problem »Familie« mit meinem spontanen Auftritt losgeworden zu sein. Die Eltern von Emanuel waren in freiwilliger Entscheidung nach ihrer England-Emigration in die DDR gegangen. Sie haben selbstbestimmt entschieden, ihre intellektuelle Potenz dem Aufbau einer sozialistischen DDR zur Verfügung zu stellen. Sie waren doppelt privilegiert, denn sie waren in dritter oder vierter Generation bürgerliche Intellektuelle und von daher all den im Schnellverfahren auf der Arbeiter-und-Bauern-Fakultät gestanzten Intellektuellen unendlich überlegen. Darüber hinaus waren sie nach ihrer Emigration aus England als jüdische Antifaschisten in die DDR gekommen, in der der Antifaschismus als Legitimationsideologie des sozialistischen Aufbaus verordnet worden war.

Ich hatte in eine der privilegiertesten Familien der DDR geheiratet. Daß ich von der Kuczynski-Familie nichts wußte, nahm mir kaum einer ab. Carla ja. Sie gab mir auch den Rat, mich nicht länger zu rechtfertigen. Das mache die Sache nicht besser. Ich müßte es ertragen und lernen, zwischen Schmeicheleien und Interesse an mir zu unterscheiden. Gab es doch in der Akademie sehr konträre Reaktionen auf meine Heirat. Die eine bestand darin, sich bei mir anzubiedern, Handkuß und Grüße an den Schwiegervater mit besten Empfehlungen. Die andere bestand darin, mich als Person zu schneiden und nicht einmal mehr zu grüßen. Für diese war ich schlicht in die herrschende Orthodoxie aufgestiegen, mit der sie nichts zu tun haben wollten. Immerhin schrieb Jürgen Kuczynski auch schon zu dieser Zeit häufig den Wirtschaftsteil zu den Reden von Honecker. Ich hatte für die Mitarbeiter, die mich mieden, Verständnis. Mein Verständnis half mir allerdings nicht hinweg über die Isolierung von Mitarbeitern, die ein Interesse an philosophischer Theorienbildung hatten. Sie trauten mir nicht mehr.

Ich war nicht mehr ich, ich war die Schwiegertochter und wußte damit nicht umzugehen. Was ich schrieb, schrieb ich als Schwiegertochter. Was ich sagte, bekam politisches Gewicht. Ob ich wollte oder nicht, ich gehörte zu einer gesellschaftlichen Institution, die Kuczynski hieß. Häufig stellten sich freundliche Beziehungen als taktische Beziehung heraus. Häufig hieß es irgendwann: Kannst du nicht mal versuchen? Ich war die Angehörige eines politischen Clans. Man sprach mir Macht zu. Tatsächlich konnte ich außer für mich selbst gar nichts tun. Wann immer ich irgend jemandes Anliegen an meinen Schwiegervater herantrug, bekam ich von ihm stets den gleichen Satz zu hören, der- oder diejenige sollten sich direkt an ihn wenden, anstatt mich zu belästigen.

Mit der Tatsache, daß ich plötzlich zu der privilegiertesten Schicht der DDR gehörte, bin ich nie zurechtgekommen. Tief in mir war der Haß gegen alles, was dieses Land ausmachte. Dann war da die Liebe zu Emanuel. Die Familie begann sich aufrichtig um mich zu sorgen. Meine Schwiegermutter kümmerte sich mit großer Hingabe um meine Gesundheit. Sie hatte bald einen ganzen Stab von Ärzten organisiert, der sich mit der Wiederherstellung meines durch Raubbau geschwächten Körpers beschäftigte. Ich wurde der für Normalbürger unzugänglichen Baumann-Klinik in Berlin-Buch zugewiesen. Hier hatten Ärzte den Auftrag, mich wieder instand zu setzen. Bei Klinikaufenthalten traf ich dort nicht nur morgens meinen Institutsdirektor und nun auch Doktorvater im blauen Bademantel. Wortlos waren wir auf dem Weg zum gleichen Blutlabor und wußten, daß das Privileg, hier behandelt zu werden, uns auf besondere Weise verband. Ich traf dort renommierte Künstler, Architekten, Bildhauer und Wissenschaftler, also die privilegierte Schicht des Landes und Teile der Nomenklatura, die nicht im Regierungskrankenhaus oder in den später gebauten Spezialkliniken der Staatssicherheit behandelt wurden.

Da ich mit dem Kreis der Mächtigen nichts zu tun haben wollte, war ich hoffnungslos auf mich selbst zurückgeworfen. Auch Freundinnen wie Carla waren mir gegenüber vorsichtiger als zuvor. Sosehr sie zu mir hielt, so sehr wählte sie die Informationen aus, die sie mir gab.

Vor zwei, drei Jahren, als ich sie wiedersah, erzählte mir Carla, daß sie 1973 Koestlers »Sonnenfinsternis« gelesen hatte und daß danach für sie nichts mehr sein konnte wie zuvor. Sie hatte tiefste Zweifel über den Sinn jeglichen Philosophierens, einen Zweifel, den sie nie mehr ganz verlor. Er führte mit dazu, daß sie sich Jahre später derart in politische Auseinandersetzungen verstrickte, daß sie aus der SED ausgeschlossen wurde.

Sie hätte mit mir über Koestler nicht reden können, meinte sie, als wir uns 1997 trafen. »Was wußte ich, wo das landete, wenn ich mit dir darüber gesprochen hätte«, sagte Carla. Und in der Tat, ich hätte ihr das Buch wahrscheinlich auch nicht geborgt. Daß nicht nur sein Buch »Sonnenfinsternis« in der Bibliothek meiner Schwiegereltern stand und auch Emanuel den Roman kannte, erfuhr ich erst nach 1989. Heute denke ich, diese politische Vorsicht und das Mißtrauen auch unter Freunden, ja selbst in der eigenen Familie, gehörten unabänderlich in die sogenannte sozialistische Menschengemeinschaft in der poststalinistischen Periode. Jeder machte für sich allein den politischen Scheidungs- und Entscheidungsprozeß durch, isoliert einer vom anderen. Erst gegen Ende des real existierenden Sozialismus bröckelte das Verschweigen innerhalb der vielgepriesenen Gemeinschaft, weil die politische Macht bröckelte, zu der sie unabänderlich gehörte.

Aber nicht nur innerhalb des philosophischen Institutes begegnete man mir mit Mißtrauen, nachdem ich Angehörige des Hofstaates geworden war, wie Reni sagte. Reni hatte ich zum Ende des Studiums kennengelernt. Sie war bettelarm und lebte mit einer Frau zusammen. Sie waren lesbisch, was in der DDR politisch verfolgt wurde. Reni hatte auch Philosophie studiert und kam mit ihrer Diplomarbeit nicht zurecht. Da mir das Schreiben leichter fiel und ich Spaß hatte an ihrem Thema über Heine, half ich ihr. Wir waren sehr gute Freundinnen in diesen Jahren. Reni machte mir heftig Vorwürfe, daß ich ins politische Establishment geheiratet hatte. Sie glaubte, daß ich damit verloren war für alle edleren Ziele der Menschheit, zu denen sie Heines Träume zählte, das Himmelreich schon auf Erden zu errichten. Wie dieser Himmel auf die Erde geholt werden könnte, darüber dachte Reni anhand von Heines Texten nach. Aber aufschreiben wollte sie das Gedachte nicht. In Worte gezwängt, klang das, wonach sie den Himmel absuchte, ihrer Meinung nach banal, aber mit diesem Standpunkt konnte sie keine Diplomarbeit fertigstellen. Also schrieb ich die Banalitäten auf für sie. So schaffte es Reni, das Gefühl zu haben, nicht sie habe unser Sehnen nach besserer Zeit durch die Unzulänglichkeit unserer Sprache banalisiert, sondern ich. Reni hatte den Hang zum Genialisch-Vollkommenen, zu Perfektion, deshalb brachte sie keine Arbeit zu Ende, denn immer fehlte etwas, womit sie ja wiederum recht hatte.

Ich ertappte mich, wie ich im Laufe der Jahre Reni gegenüber Schuldgefühle bekam. Da sie sich in ihrer anarchistischen Lebensweise nicht anzupassen vermochte, hielt sie sich mit Gelegenheitsarbeiten über Wasser. Ich begann, Reni Geld zu geben. Ich schenkte ihr Kleider. Diese Gaben hatten auch einen bitteren Nachgeschmack, da es mir finanziell besser und besser ging. Ich schenkte trotzdem, sie nahm die Geschenke an. Wir wußten beide, daß diese Gaben unsere Freundschaft mit zerstören würden.

Der bittere Nachgeschmack blieb. Ich erinnerte mich an ihn nach dem Mauerfall, als ich Bettlern und Hausierern Geld gab. Sie sahen mich an, wie mich Reni angesehen hatte, mit einem Vorwurf im Blick.

8

Ich baute mein Versteck weiter aus und zog mich in die Fachphilosophie zurück. Ich wurde Spezialistin und benutzte meinen privilegierten Status dafür, keine Karriere machen zu müssen. Ich schlug mit Sturheit alle politischen Funktionen aus und hatte keine Nachteile davon. Immer wieder versuchte man, mich für eine Karriere zu ködern. Nicht zuletzt mit der Verlockung, Reisekader zu werden. Solch ein Kader zu werden war ein Privileg, nicht nur für Wissenschaftler. Reisekader wurde, wer als politisch zuverlässig eingestuft wurde, um das »sozialistische Vaterland – DDR« im nichtsozialistischen Ausland würdig und mit Stolz zu vertreten. Der Status »Reisekader« bedeutete, daß die »Genossen« auch Vertrauen zu mir gehabt hätten, erstens, daß ich nicht im Westen geblieben wäre, und zweitens, daß ich über meine »Westreisen« ordentlich berichtet hätte. Ich sagte den »Genossen«, daß ich nicht bereit wäre, über die auf Kongressen geführten Gespräche mit Fachkollegen und Freunden Auskunft zu geben und Protokolle zu schreiben, die dann vom Institut der Staatssicherheit bedarfsweise zur Verfügung gestellt werden konnten. Ich schlug das Angebot zweimal aus und hatte außer der Tatsache, daß ich nicht reisen durfte, keine weiteren Nachteile davon. Man ließ mich in Ruhe.

Diese Ruhe war auch ein Resultat meines sozialen Lernprozesses. Ich hatte mir eine Portion Zynismus erarbeitet, die einen formal-freundlichen Umgang mit den philosophischen Kollegen möglich machte. Ohne diesen Zynismus wäre ein Auskommen nicht möglich gewesen. So wußte jeder Mitarbeiter, daß die Zahl der Stasispitzel an solch einem Institut besonders hoch war. Was er nicht wußte, war, ob der Kollege, der gerade mit ihm sprach, harmlos war oder harmlos spielte, um ihn zu bespitzeln, oder ob er gar die Spitzeldienste des Spitzels bespitzelte. Dieser Umstand schränkte die Ruhe und die Gemütlichkeit des einzelnen und des Kollektivs erheblich ein und machte wissenschaftliche Arbeit, wie ich später einsehen mußte, unmöglich.

Die besten Funktionäre, wahrscheinlich nicht nur im Institut für Philosophie, waren paranoide Charaktere. Je ausgeprägter das Quantum an Verfolgungswahn, desto wachsamer war der Genosse, um so höher seine Einsatzbereitschaft in der Abwehr des inneren und äußeren Feindes. Das bedeutete, alle philosophischen Bücher und Texte, einschließlich der Manuskripte von Kollegen und Genossen, wurden auf Abweichungen vom Marxismus-Leninismus hin gelesen und untersucht. Jeder Genosse Wissenschaftler wußte davon und traf bei der Ausarbeitung seiner Texte Vorsichtsmaßnahmen. Diese absichernden Maßnahmen prägten den Satzbau, galt es doch, so zu schreiben, daß kein Revisionismus oder sonst irgendein Ismus als Abweichung im Text nachgewiesen werden konnte. Das Resultat waren hermetisch geschlossene Abhandlungen oder die stereotype Wiedergabe des gerade gültigen Parteichinesisch.

Die Ruhe war eine zynische Ruhe, das heißt, beinahe alle taten vor ihrem Nächsten so, als ob sie die politischen Pflichtveranstaltungen ernst nähmen. Man traf sich beispielsweise jeden dritten Montag zwischen fünfzehn und siebzehn Uhr zur Gewerkschaftsversammlung. In diesen zwei Stunden wurde dann Gewerkschaftsversammlung gespielt, sagen wir zum Thema: »Die Bedeutung des Kollektivs für die Erhöhung der Arbeitsproduktivität«. Kaum einer glaubte den Unsinn, aber fast alle spielten das Spiel mit und steuerten zum Gelingen der Versammlung auch noch Diskussionsbeiträge bei. So verging nicht nur die Zeit schneller, sondern die Versammlung war auch inhaltlich in Ordnung. Das bedeutete, es würde später bei

Auswertungen der Versammlung keine Unannehmlichkeiten geben, etwa dergestalt, daß die Versammlung politisch nicht gut gelaufen sei. Neigten sich die zwei Stunden ihrem Ende zu, wurde die Versammlung zu ihrem Abschluß gebracht. Man ging sich als Kollege wieder aus dem Weg, bis zum nächsten Mal. War das nächste Mal Betriebsausflug, wurde auch der absolviert, schon weil die Teilnahme Pflicht war. Meist machte ich bei solchen Ausflügen nichts anderes, als ich auch sonst tat. Ich redete mit Carla über Theorienbildung und Widerspruchstheorien, nur daß wir dabei durch den Wald liefen oder Dampfer fuhren und, am Ausflugsort angekommen, nicht Carlas exzellente Puffer aßen, sondern Schnitzel oder Currywurst auf Betriebskosten und dazu Freibier tranken.

Diese pragmatische Weise, mit den Formalitäten des Akademielebens klarzukommen, erstreckte sich auch auf Spielregeln, um im Spezialistenschacht »Hegel« die »Ruhe« zu behalten. Die galt der formellen Erledigung marxistisch-leninistischer Treuebekenntnisse. So konnte ich zwar in Sachen Hegel eine Spitzfindigkeit nach der anderen zutage fördern, hatte aber auf die strenge Einhaltung der Zitierungen zu achten, das hieß, ich mußte unter Beweis stellen, daß die Propheten Marx, Engels und Lenin Hegel besser verstanden hatten, als Hegel sich selbst verstand. Dabei galt es insbesondere, die Bedeutung Lenins nicht zu unterschätzen. Irgendwann hatte ich das optimale Verhältnis der Zitierung gefunden, nach dem keine Beanstandungen mehr kamen: auf fünf Marxzitate ein Leninzitat. Also zählte ich die Zitate durch den Text hindurch ab und fügte aus meinem Zettelkasten »Leninzitate zu Hegel« die passenden Nachweise als Anmerkung nachträglich ein.

Die Frage, die sich mir von Jahr zu Jahr konzentrierter stellte, war: Wie viele Zugeständnisse waren der »reinen Theorie« willen notwendig? Wieviel mußte gelogen werden, wieviel inszeniert, um den kleinen Spielraum abzusichern, in dem die sogenannte reine Forschung jenseits von allem ideologischen Gebimmel möglich wurde?

Carla verstand sehr wohl, wovon ich sprach, wenn ich sie nach den Stadien des Zynismus befragte, und redete mir gut zu. Sie versuchte, mir den Unterschied zwischen wesentlichen und unwesentlichen Kompromissen und zwischen Lügen und Lügen zu erklären. Auch sie glaubte noch, die Zustände überlisten zu können.

Ich spielte also das Spiel: Sich anpassen, sich nicht anpassen, sich im Nicht-Anpassen anpassen, um mir Freiräume zu schaffen und alles belassen zu können, wie es war. Scheinaktivitäten inszenieren, um den Eindruck eines politischen Interesses zu hinterlassen. Sich in diesem Spiel emotional in die Hand zu bekommen, um nicht zusätzlich Angriffsflächen zu bieten, was mir letztlich nicht gelang.

Bis ich aber begriff, daß ich kräftig dabei war, mich durch die taktischen Spiele und Kompromisse zu verbrauchen und meine Kreativität zu ersticken, vergingen Jahre. Rückblickend ist mir klar, das Philosophische Institut an der Akademie ist auch deshalb so klanglos untergegangen, weil der Gegenstand des Philosophierens letztlich die politische Absicherung der gerade herrschenden Staatsdoktrin war. Mit dem Untergang der DDR verlor diese Philosophie dann ihre ideologische Funktion. Einen eigenen philosophischen Gegenstand hatte sie nie.

Die Mitarbeiter, insofern sie denn dachten, machten irgendwann die Erfahrung, daß keinen Gedanken zu äußern das bequemste war. Wenn es keinen eigenen Gedanken in den vorgelegten Arbeiten gab, brauchte nichts abgesichert zu werden. Die ganze Inszenierung, eigene Gedanken den Heiligen des marxistisch-leninistischen Dogmas unterzuschieben, damit das selbständig Gedachte politisch unverdächtig blieb, brauchte somit nicht stattzufinden. Für angestellte und beamtete Geistes- und Sozialwissenschaftler war es daher das klügste, das Denken aufzugeben.

9

Mit Emanuel war die Verständigung über politische Kompromisse und den dafür notwendigen Opportunismus schwieriger als mit Carla oder gar Reni. Sein Glauben war von anderer Konsistenz. Emanuel meinte nicht die Wissenschaft, er meinte den Sozialismus. Er war zutiefst überzeugt, trotz vieler Mängel sei die DDR die bessere, die hoffnungsvolle Zukunft. Um Wissenschaft ging es ihm erst an zweiter oder dritter Stelle. An erster ging es ihm um die Verteidigung und den Aufbau des Sozialismus in den Farben, die Gorbatschow später ausgemalt hat. Emanuel hatte politische Dimensionen im Kopf. Die Wissenschaft war dazu da, den Sozialismus zu stärken. Was diesem Ziel widersprach, wurde nicht gedacht bzw. durchdachterweise beiseite geräumt.

Zunächst hatten Emanuel und ich Hoffnungen. Wir liebten uns. Emanuel glaubte, ich würde schon begreifen, daß der Sozialismus auch für mich die bessere Gesellschaftsform sei. Ich hoffte, Emanuel würde mit der Zeit schon einsehen, daß in der sozialistischen Menschengemeinschaft wahres Glück nicht stattfinden kann, trotz seines unermüdlichen Kampfes.

Ab einem bestimmten Augenblick des Tages war mir sein politischer Standpunkt dann auch wieder egal, solange er ihn mir nicht aufzwängen wollte, was er nie tat. Ich wollte mit Politik nichts zu tun haben. Schließlich gingen wir beide politischen Diskussionen aus dem Weg.

Jenseits aller politischen Differenzen war auch mit Emanuels Familie ein freundlicher Umgang möglich. Die Familie fand sich damit ab, daß ich politisch nicht zurechnungsfähig war, wie es gutgemeinterweise hieß. Die Rolle des politischen Dummchens bot viele Möglichkeiten, zumal mich mein Schwiegervater jenseits aller Politik für intelligent und liebenswert befand. Sein Standpunkt wurde von der Familie als geltendes Werturteil übernommen.

Jenseits des familiären Wertes gab es bald ein Geheimnis zwischen meinem Schwiegervater und mir. Denn nicht lange nachdem ich an den Familientreffen regelmäßiger teilnahm, schenkte ich ihm ein Geburtstagsgedicht. Es begann: »Nachts weint der Clown, erblindet fast vom Rampenlicht / findet er im Tageslicht / gangbare Wege nicht, / allein auf Nebelgleisen / versucht er durch die Stadt zu schleichen / doch Spiegelketten überall / ... « Jürgen Kuczynski las das Gedicht zu Ende. Dann sagte er traurig: Weißt du, mein Kind, die Familie braucht den Zauber, ohne Zauber funktioniert eine Familie nicht. Laß sie also in Ruhe. Das Gedicht wird unser Geheimnis bleiben. Ich lege es sofort in den Tresor? Einverstanden?« Ich war einverstanden und hatte von Stund an eine große Sympathie für ihn. Es reichte, daß er wußte, und ich wußte nun, daß er wußte.

Wenn ich auch nicht verstand, was der Zauber einer Familie war, so kümmerte sich meine Schwiegermutter ehrlich um mich. Ich hatte ihr gesagt, daß ich medikamentenabhängig wäre, daß ich zu Panikattacken neigte und vor den Anwesenheitstagen in der Akademie erhebliche Mengen von Beruhigungstabletten nähme, um im Institut gut zu funktionieren. Und das hieß: keinerlei Spontaneität aufkommen zu lassen und kein unbedachtes Wort, um meine »Ruhe« zu behalten. Sie wußte, daß ich die Dosen der Tranquilizer erhöhte und mehr und mehr resistent wurde gegen sie.

Irgendwann hatte sie mitten in Ost-Berlin einen Verhaltensphysiologen aufgetrieben, in dessen Therapie ich ging und den sie ohne mein Wissen bezahlte. Ich fand es heraus, als ich auf dem Schreibtisch des Physiologen einen Brief mit der Handschrift meiner Schwiegermutter fand und mich nicht beherrschen konnte, ihn nicht zu lesen, da ich mich allein im Zimmer befand. In diesem Brief stand unter anderem: »Bitte sagen Sie Rita nichts von unserer Vereinbarung, es würde sie nur belasten.« Das war die vornehme Diskretion meiner Schwiegermutter, die mich auch später immer wieder beeindruckte. In einem Anti-Angst-Training lernte ich also, gegen den neurophysiologischen Reiz Angst anzugehen. Vom Erfolg dieser Therapie wurde die Familie auf dem laufenden gehalten. Ich lernte verschiedene Atemtechniken, auch aus dem Bereich des Yogas, um meine Aggressionen und Ängste unter Kontrolle zu bekommen. Ich trainierte diese Atmung zunächst im privaten Sprechzimmer des Therapeuten, dann an den Präsenztagen im Institut und führte Protokolle über die Art der Atmung, die Zeit, die verging, bis die gewählte Technik Wirkung zeigte oder auch nicht. Nach Wochen stellten sich erste Erfolge ein, die Zeit zwischen Angst-Reiz und Beruhigung verringerte sich durch die Atemtechnik. Bald saß ich angstfrei und entspannt in Instituts- und Parteiversammlungen und schrieb Gedichte. Ich lernte abzuschalten von den zumeist inhaltsleeren Versammlungen und reagierte nur noch, wenn mein Name fiel. Ich bekam den Ruf, erwachsener geworden zu sein.

Reni kommentierte das Training gegen Angstattacken mit dem Satz: »Wenn du dich auf Pawlowscher Basis zum politischen Affen trainieren lassen willst, der lernt, ohne Emotionen zu reagieren, wenn er Reizwörter wie Staatssicherheit oder Parteisekretär hört, mußt du es tun. Es lebe die Liebe.« Ich sei Emanuel hörig, sagte sie mitunter auch noch. Aber das war Unsinn.

Emanuel und seine Familie gaben mir zum ersten Mal nach zehn Jahren Zwangsaufenthalt in der DDR die Möglichkeit einer Erholungsphase. Im Schutz der Familie, die konsequent zu mir hielt, konnte ich mich endlich etwas fallen lassen. Ich war nicht mehr allein in diesem Land.

Wieder war ich also dabei, mich zwischen zwei Extremen zu bewegen. In mindestens zwei Welten zu leben war längst mein Leben geworden. Der Übergang von einem Extrem zum anderen war mir vertraute Gewohnheit. Das Leben in den für sich unterschiedenen Welten so aneinander vorbeizuführen, daß sie sich nicht berührten. Achtgeben, daß die eine Welt nicht einbrechen kann in die andere. Also Chaos vermeiden, um das bißchen an Orientierung nicht wieder zu verlieren. Denn immer war da noch die Angst, in der Spannweite der Extreme den Verstand zu verlieren. Nachts stand sie auf, die Angst, und kam auf mich zu. Aber da schlief jetzt Emanuel neben mir. Oft reichte schon seine Handbewegung über meinen Kopf, der Angst den Atem zu nehmen.

Daß die Beziehung zwischen Emanuel und mir

an die zwanzig Jahre gehalten hat mit all dem Auf und Ab, das in einer eher bürgerlich geführten Ehe wohl oder übel dazugehört, lag meinerseits vor allem in der Sicherheit, die Emanuel auf mich ausstrahlte. Er war aufgewachsen in der Selbstverständlichkeit, daß ihm die Welt gehörte. Er war groß geworden in bourgeoiser Ruhe, intellektueller Selbstsicherheit und realer Überlegenheit, die in seinem Elternhaus sozusagen auf natürliche Weise herrschte.

Ich begriff bald, daß Emanuel auch ein Heldenkind war, das wie Esther in einer Welt lebte, die nichts zu tun hatte mit dem Leben der übergroßen Mehrheit ihrer Mitbürger. Er war von dieser Weltfremdheit, die ich an den antifaschistischen Kindern aus dem Studienjahr so mochte. Er sang keine jüdischen Lieder wie Esther. Aber er konnte stundenlang jüdische Witze erzählen, deren Pointen mir gefielen. Er glaubte an sich, an die Zukunft, die ihm natürlicherweise gehörte, er glaubte an seine Mission als Kind antifaschistisch-kommunistischer Eltern. Zum Gelingen der Weltrevolution wollte er beitragen, indem er sein Leben in ihren Dienst stellte. Er war ein echtes Kind auch der Partei, die er liebte und als Teil seiner größeren Familie begriff. Er war stolz auf die DDR, den ersten Arbeiter-und-Bauern-Staat. Seine Augen leuchteten, wenn er von der Zukunft sprach, von der Abschaffung jeglicher Unterdrückung und

Ausbeutung. Sein Glaube an den Sozialismus, an dessen Verwirklichung er glücklicherweise mitwirken konnte, war echt.

Echt war allerdings auch seine Überzeugung, »auserwählt« zu sein und daher im Kampf für die bessere Welt, die Führung übernehmen zu müssen. Als Kind von »Siegern der Geschichte« hatte er wie Esther und andere Heldenkinder keine Zweifel an der Pflicht, Führer in diesem Kampf zu werden. Diese Pflicht schien sein Erbe, von den Eltern dem Sohn übertragen. So betrachtet, war auch Emanuels spätere Karriere als Nomenklaturkader für ihn eher ein Opfer für die »große Sache der Menschheit« als eine Karriere, was seinen privilegierten Status in der DDR immens vergrößerte. Diese durchaus auch nützliche Abgehobenheit und Weltfremdheit teilte er mit vielen anderen Antifa-Kindern. Sie machten sein Leben bequem und meines bald auch, da ich mit ihm sein Auserwähltsein nicht diskutierte. Das heißt nicht, daß mich die Selbstverständlichkeit, mit der er es hinnahm, nicht aggressiv machte.

Jenseits unseres Kompromisses taten mir Emanuels Selbstsicherheit und sein Glauben gut. Sein unerschütterlicher Optimismus war das Gegengewicht zu der Hoffnungslosigkeit, die meine einzige Konstante nach dem Abbruch meines musikalischen Lebens blieb. Für mich war wichtig, daß Emanuel so fest glaubte. Hätte er in der gleichen

Intensität an die Mutter Gottes geglaubt, wie er an den Sozialismus geglaubt hat, wäre ich ihm zuliebe Weihnachten in die Mitternachtsmesse gegangen anstatt zur Maidemonstration.

Den irrationalen Teil seines Glaubens und seines Verhältnisses zur Partei verdrängte ich. Ich begriff nur widerwillig, daß er sich in einer Entscheidungssituation immer für die Partei entschieden hätte. Die Partei war für ihn der »heilige Geist«, an dessen Vollkommenheit ich und unsere Liebe nicht herankamen, an dessen Vollkommenheit nichts und niemand herankam. Und »die Partei« mußte verteidigt werden, koste es, was es wolle. Diesen Teil seiner stalinistischen Erziehung und ihrer menschlichen Härte fürchtete ich.

Soweit uns das gelang, und es gelang uns über die Jahre immer besser, richteten wir unser gemeinsames Leben vornehmlich auf unsere wissenschaftliche Arbeit aus. Den Alltag versuchten wir von der »eigentlichen« Arbeit fernzuhalten. Alles, was die wissenschaftliche Arbeit störte, fand nach Möglichkeit nicht statt oder wurde so organisiert, daß es mit minimalem Kraft- und Zeitaufwand stattfand. Priorität hatten gute Arbeitsbedingungen. Wir lebten auf unsere Weise spartanisch in der DDR. Wir hatten kein Auto, keinen Garten, kein Haus, kein Boot. Alles hätte Zeit gekostet in der DDR: Zeit, Handwerker zu suchen, Ersatzteile zu beschaffen, Kauf- und Tauschbeziehungen zu pflegen. Alles dies hätte von der »eigentlichen« Arbeit abgehalten. Wir hatten keine Kinder, weil ich keine in diese Welt setzen wollte. Ich wollte an ihrem Leben nicht schuld sein. Ich wußte, ich hätte ihrer Traurigkeit nichts als Traurigkeit entgegensetzen können. Daß sie hätten glücklich sein können, einfach so, lag außerhalb meiner Vorstellungskraft. Ich hatte auch Angst vor eigenen Kindern, weil ich Angst hatte vor der Frage, mit der ich meine Mutter gequält hatte, der vorwurfsvollen Frage, warum sie mich in die Welt gesetzt hatte. Emanuel hatte sich über die Jahre mit meinem Standpunkt abgefunden. Ich hatte es ihm ziemlich bald und lange vor der Ehe gesagt, wenn er Kinder haben wolle, sei ich nicht die richtige Frau für ihn.

Das einzige, was wir hatten, waren Bücher, mehr, als Platz in der Wohnung war, und immer hatten wir eine Haushaltshilfe, die ein Minimum an Ordnung garantierte.

Meine Schwiegermutter brachte es fertig, in Ost-Berlin einen Psychotherapeuten aufzutreiben, der die in der DDR verpönte Psychoanalyse mit Verhaltenstherapie kombinierte. Bald ging ich in die private Behandlung eines Analytikers. Er war Emigrant aus Chile und kam nach dem Sturz der Allende-Regierung nach Ost-Berlin. Als Psychoanalytiker durfte er offiziell nicht arbeiten, weil die

Psychoanalyse samt Sigmund Freud eine Erfindung des imperialistischen Klassenfeinds war. Privat aber konnte er einige Patienten behandeln. Auf seiner Couch verknüpfte und verknotete ich über mehr als drei Jahre einige Fäden, die gerissen oder von mir selbst zerschnitten worden waren.

Dabei fand ich mich schließlich in das Leben, das meines werden sollte. Irgendwann schmeckte mir das Familienessen. Ich hörte auf zu protestieren und mich zu entschuldigen. Ich verstand, daß alle Versuche der Erklärungen sinnlos waren und die Tatsache an sich nur verschlimmerten. Ich gewöhnte mich daran, mit der Familie in Gästehäusern der DDR-Regierung zu Mittag zu essen, weil meine Schwiegermutter zuviel Arbeit hatte mit den Gästen, die vor allem im Sommer nach Berlin kamen. Zumeist waren es marxistische Intellektuelle aus den USA, England und Australien, die die Semesterferien für eine Europareise nutzten. Ich hörte zu, was sie erzählten, und erfuhr einiges von der Welt da draußen, wo ich nicht hinkam. Es wurde so viel Englisch gesprochen, daß ich passiv verstehen lernte.

Ich gewöhnte mich daran, daß ich Minister und Staatsbeamte bei eben diesen Familienessen in Regierungshäusern und ihren Restaurants traf, in denen man mich als Angehörige artig grüßte und der Familie Tips gab, welches Tagesmenü denn diesmal das bessere sei. In dieser Zeit kannte ich eine

Lyrikerin namens Emmi. Sie hatte mit einem der stellvertretenden Kulturminister eine Affäre. Die Affäre war stadtbekannt. Bei den sonntäglichen Essen in dem Regierungsobjekt »Johanneshof« richtete der Vizeminister es oft so ein, daß er die Familie traf. Bei der Begrüßung steckte er mir hin und wieder Briefe für seine Emmi zu, damit sie nicht in die Hände der Stasi kamen, bevor die Geliebte sie gelesen hatte.

Ich nahm die Rolle, die Kuczynski zu spielen, an und ließ mir dafür Kleider nähen. Ich prägte einen Stil, leichte dunkle Wollstoffe, Seide und Chiffon, in denen ich mich verbergen konnte. Der Stil wurde später in der Akademie imitiert. Ich trug den Schmuck meiner Großmutter und wechselte den Schritt. Ich erinnerte mich an den bürgerlichen Teil meiner Erziehung und lernte von der Schwiegermutter, französische Soßen zu machen und Plumpudding zu kochen. Emanuel war zufrieden mit mir.

10

Jenseits meiner Anpassungsspiele an mein privilegiertes Dasein, also in der real existierenden DDR, wuchs der Verdruß über die Verlogenheit der neuen Regierung, die nun Honecker führte. Der Verdruß kam vornehmlich von DDR-Bürgern, die mit dem Machtwechsel Hoffnung verbunden hatten, daß sich durch Ehrlichkeit und Arbeit doch noch ein vernünftiger Weg aufzeigen ließe, der den Aufbau einer neuen, einer besseren sozialistischen Welt ermöglichte. Zu einem ihrer Sänger wurde Wolf Biermann, der schonungslos Kritik an der Politbürokratie aus sich heraussang. Weil er an den Kommunismus glaubte, waren seine Lieder von jener Aufrichtigkeit und schalkhaften Ernsthaftigkeit, die sich hineinsangen in die Herzen.

Als Wolf Biermann 1976 ausgebürgert wurde, war ich empört und begann meinen Protest nicht nur in der Akademie lauthals zu äußern. So etwas tut man nicht. Ein Land, das seine Sänger nicht aushält, ist am Ende, argumentierte ich. Da bekam ich die geballte Macht der Familie zu spüren. Emanuel beschwor mich, keinerlei Protestschreiben zu unterzeichnen, und suchte für seine Argumente Schutz in der Familie. Mein Schwiegervater, der selber bestürzt war über die Ausbürgerung und sie im Familienkreis als »Blödheit« bezeichnete, warnte mich väterlich autoritär, an keinerlei Protestaktionen teilzunehmen. Ich könne mich nicht gegen die Partei stellen. Die Partei habe immer recht, selbst im Unrecht, war sein opportunistischer Schluß, mit dem er selbst alle politischen Krisen in der DDR überlebte. Zu dieser ideologischen Schlußformel riet er mir nun auch dringend. Weil ich sie nicht befolgen konnte, schlug meine Schwiegermutter vor, ich sollte durch eine Krankschreibung vorerst aus der Öffentlichkeit verschwinden. Die Familie wäre mir dafür dankbar. Es läge außerdem in Emanuels Interesse. Ich war zu schwach, um Widerstand zu leisten. Aber ich wußte, das Maß meiner Kompromißbereitschaft war überschritten. Ich wußte, ich würde mich nicht erholen von diesem Zugeständnis. Ich würde nicht wie zuvor weitermachen können.

Zum ersten Mal sah ich mich politisch mit der Konsequenz konfrontiert, was es hieß, die Kuczynski zu spielen. Meine gerade erst eingeübte Rolle kam auf mich zurück und zeigte mir die Logik des Spiels, auf das ich mich eingelassen hatte. Die Macht der Familie, die mich ansonsten heraushielt aus dem politischen Alltagsgezänk, zog mich in dieser Entscheidungssituation unumkehrbar in den politischen Scheidungsprozeß zwischen staatstreuen und kritisch oppositionellen Bürgern hinein. Unerwartet fand ich mich auf der Seite der linientreuen, zuverlässigen Staatsdiener wieder. Während Biermann und spätere andere Oppositionelle aus der DDR ausgebürgert bzw. ausgewiesen wurden, während sich kritische Bürger der offiziellen DDR-Politik entzogen, wurde ich in sie hineingezogen und fand mich auf der Seite des politischen Establishment wieder. Plötzlich funktionierte ich als Familienmitglied und betrieb das Familiengeschäft. Ich fühlte mich erpreßt, erpreßt von meinem Wunsch, die Zuneigung der Familie nicht zu verlieren. Hätte ich öffentlich protestiert, hätte das den Bruch mit der Familie bedeutet, in der ich mich zum ersten Mal in der DDR geborgen fühlte. Weder Emanuel noch meine Schwiegereltern hätten Nachsicht mit mir gehabt. Der unerbittliche Standpunkt zur Parteidisziplin gehörte zu den Grundfesten ihres Glaubens, gehörte zu der höheren Sache, die die gottähnliche Partei für sie war. Da kam kein irdisches oder gar logisches Argument gegen an.

Wenn mein Schweigen zur Ausbürgerung Biermanns in der Öffentlichkeit den Bruch mit der Familie auch verhinderte, so war es doch der Beginn meiner inneren Distanzierung vom Familienclan. Das Resultat meines wochenlangen Krankseins war mein fester Vorsatz, solche Erpressungen dürfen sich nicht wiederholen. Während ich also nach außen als Familienangehörige funktionierte, distanzierte ich mich in der Folgezeit zunächst emotional von der Familie und später dann von Emanuel.

Die Ausbürgerung Biermanns führte zur Polarisierung zwischen dogmatischen und oppositionell gesinnten Intellektuellen. Protestschreiben von Künstlern gegen die Ausweisung Biermanns mehrten sich. Es war der erste öffentliche Protest von prominenten DDR-Bürgern nach dem Einmarsch der Warschauer-Pakt-Staaten in die CSSR. Dementsprechend unnachgiebig reagierte die SED-Führung auf die neuerlichen Versuche, in einer demokratischen Öffentlichkeit die Probleme des Sozialismus zu diskutieren. Der Dialog zwischen den kritischen Intellektuellen und der Parteiführung brach ab. Wo die Kritik nicht zu unterbinden war, setzten Repressalien ein. Ich war isolierter als zuvor und auf die Familie zurückgeworfen.

Vier Wochen nach der Ausbürgerung von Wolf Biermann verteidigte ich meine Dissertation, auch ein Grund dafür, daß ich letztlich schwieg. Ich wußte genau, die Promotion hätte nie stattgefunden, hätte ich mich öffentlich engagiert. Mit dem, was ich bereits geäußert hatte, hatte ich schon genug provoziert. Ich verteidigte meine Dissertation und wußte, sie würde keine Bedeutung mehr für mich haben.

Ich dachte darüber nach, was ich tun könnte, um aus meinem philosophischen Leben zu verschwinden. Vorsichtig sprach ich mit Emanuel darüber. Er hielt, was zu erwarten war, gar nichts von diesem Gedanken. Ich wußte auch, er würde gar nichts von meiner Idee halten, endlich aus der DDR wegzugehen, etwa mir zuliebe. Ich wußte, ich hatte keinerlei Chance.

Ich sprach mit Reni darüber. Sie hatte noch immer keine Arbeit, galt daher offiziell als asozial und war beängstigend depressiv. Carla war bereit zu helfen. Gemeinsam schafften wir es, für Reni eine Stelle am Institut für Philosophie zu bekommen. Reni war so am Boden, daß sie nicht einmal mehr protestierte. Daß Reni in dieser Zeit nicht nur mit dem Gedanken spielte, die DDR zu verlassen, sondern kräftig dabei war, ihre Flucht vorzubereiten, wußte ich damals nicht. Nachdem sie sich am Institut etwas gefangen hatte, stellte mir Reni eines Tages einen Mann vor. Er war Schweizer und hieß Hans. Reni sagte, daß sie ihn liebe und daß sie beabsichtige, ihn zu heiraten. Ich sah mir den Hans an und sah Reni. Sie war durch und durch Lesbe. Als wir allein waren, sagte ich, der Mann sei kein Schlepper, er sei ein Stasispitzel. Sie sollte die Finger von ihm lassen und ihn nie wieder mit zu mir nach Hause bringen. Für Spitzel hatte ich in meinem Gehör über die Jahre eine Frequenz geschaltet. Auf mein Gehör konnte ich mich verlassen. Reni glaubte mir nicht. Ein halbes Jahr später bekam ich von ihrer Lebenspartnerin die Nachricht, daß Reni wegen versuchter Republikflucht verhaftet worden sei.

Carla, die für Reni eine Art Bürgschaft übernommen hatte, wurde von der Stasi verhört. Ich wurde nicht einmal befragt. Irgendwer hatte mich als Angehörige der Familie Kuczynski aus den Untersuchungen herausgehalten. Emanuel sagte mir hart und klar, wenn ich Reni im Gefängnis besuchen ginge, wäre das das Ende unserer Beziehungen in jeglicher Hinsicht. Ich ging nicht, aber meine Beziehung zu Emanuel veränderte sich. Es zerbrach etwas an Liebe zu ihm, das sich nicht reparieren ließ. Ich begann, unsere Beziehung zu kalkulieren.

Reni saß etwa ein Jahr im Gefängnis, bevor sie freigekauft wurde. Ich arbeitete in dieser Zeit an der dritten Version eines Artikels für eine internationale Anthologie zu Hegel. Da sich noch immer ein Gedanke in dem Artikel befand, der nicht abgesichert schien, hatte ich ihn wieder zurückbekommen. Ich schrieb den Artikel so um, daß ich ihn nicht noch einmal zurückbekam. Statt dessen kam ein Lob, daß ich die Kritik endlich verstanden hätte. Der Artikel erschien dann auch in einem Band, der zynischerweise den Titel »Vom Mut des Erkennens« trug. Ich wußte, derartiges darf sich aus Gründen der Selbstachtung nicht wiederholen. Mein Versteck in der Hegelschen Philosophie hatte sich als ein Trugschluß erwiesen.

Anläßlich des 150. Todestages von Hegel 1981 bekam ich den ehrenvollen Auftrag, eine Hegel-Biographie zu schreiben. Der Auftrag war vom Zentralkomitee der SED an das Institut herangetragen worden. Er gehörte zu den wichtigsten Planaufgaben des Instituts für Philosophie im Jahre 1978/79. Ich begann mit der Materialsichtung und schrieb. Ich schrieb, wie ich mir vorstellte, daß eine Biographie über Hegel zu schreiben wäre. Ich schaltete ab von dem ganzen Zensurkram. Da war plötzlich und unerwartet wieder eine Melodie in mir, ich mußte ihr nachgehen. Sie ordnete die Hegelfakten auf ihre eigene Weise, mischte die Fakten mit Metaphern zu einem Text, von dem selbst ich überrascht war und täglich aufs neue überrascht wurde. Das Ganze war sehr aufregend. Es schrieb und schrieb. Hegel wurde zu einem Medium, in dem ich meine Sprache wiederfand: »Philosophie beginnt, wo ein Bruch geschehen ist mit der wirklichen Welt und ihrem Leben. Philosophie ist Ausdruck der Entzweiung mit dem wirklichen Leben.« Diese Einsicht Hegels unterlegte ich meinem Text. Sie entsprach meinen eigenen Erfahrungen mit der Philosophie. Ich suchte nach Sätzen und Gründen für mich und fand endlich Worte, die wieder mir gehörten. Damit hatte ich nicht gerechnet, daß ich inmitten der Theorien und Philosophien zurückkommen könnte auf mich. Da war eine Melodie, mitten in dem Kategoriengebäude. Sie hatte ihre eigene Dynamik und einen Klang, er veränderte die Struktur der theoretischen Räume. Und maßlos lang schien mir da auf einmal der Weg, den ich gegangen war, um letztlich doch wieder zurückzukommen auf mich. Ich spielte mit den Worten, wie ich früher mit den Tönen gespielt hatte. Ich wollte, daß sie klingen, die Kategorien. Ich war dabei, meine Erfahrung mit der Philosophie und den Grund ihres exzessiven Studiums mit meinem Leben davor zu verknüpfen.

Ich erinnerte mich, daß ich als Pianistin immer mit mir uneins gewesen war, ob das Klavier eigentlich zum Vorspiel oder zur freien Improvisation und Komposition geschaffen worden war. Mein schon vergessener Drang zur eigenen Gestaltung und Kreation hatte also einen neuen, einen literarischen Ausgang gefunden. Das blieb das wichtigste Resultat der Analyse: Ich war mir bewußt geworden, daß ich Künstlerin geblieben war, sosehr ich auch dagegen angegangen war in all den Jahren.

Diese Einsicht schuf sich ihren eigenen Weg; unaufhaltsam zog sie mich aus dem Gestrüpp der Philosophien. Noch war mir das Geschriebene auch fremd, weil ich seit Jahren zum ersten Mal wieder von mir hörte. Ich wußte, was ich da schrieb, war nicht das, was die Genossen vom Zentralkomitee der SED als Hegel-Biographie durchgehen lassen würden. Aber ich war einverstanden mit mir und bereit, die Folgen auszuhalten.

Erstaunlich für mich war, daß ich gerade in dieser Zeit, da ich mich von meinem Dasein als Berufsphilosophin längst verabschiedet hatte und allein meinem eigenen »Text« nachging, im Institut den Ruf bekam, vernünftig geworden zu sein. Man beschloß gerade in jenem Jahr gleich zwei Gehaltserhöhungen für mich, obwohl ich überhaupt nichts Neues vorgelegt hatte.

Erst Jahre später verstand ich, daß das ein Angebot auf Schweigegeld war, eben weil ich den Artikel zu Hegel so umgeschrieben hatte, daß kein eigener Gedanke in ihm mehr aufzufinden war. Zu dieser Zeit wurde ich damit ausgezeichnet, an einem Philosophenkongreß im Palast der Republik teilnehmen zu dürfen. Da ich noch nie zu solch einem ehrwürdigen Kongreß zugelassen worden war, wurde ich sicherheitsmäßig überprüft und bekam die gelbe Karte. Sie bedeutete, im äußeren Sicherheitskreis sitzen zu dürfen, als das Politbüromitglied Kurt Hager auf dem Philosophiekongreß erschien und seine Weisheiten über die 300 Philosophenköpfe ausschüttete. Aus Sicherheitsgründen in angemessener Distanz zum Chefphilosophen der DDR sitzend, hörte ich wieder einmal, daß es in der DDR objektiv keine Entfremdung gäbe, daß dies ein Parteibeschluß auf höchster Ebene sei. Die im Palast der Republik versammelten Philosophen seien angehalten, eben diese Entscheidung des Politbüros philosophisch und propagandistisch zu erklären, um dann die Diskussion über Entfremdung in der Öffentlichkeit unverzüglich zu beenden. Im äußeren Sicherheitskreis in größter Entfernung zum Politbüromitglied Kurt Hager bemalte ich die gelbe Sicherheitskarte mit Blumen und verabschiedete mich endgültig von der Philosophie, wie sie in der DDR betrieben wurde.

Zu eben dieser Zeit kam es am Institut für Philosophie zu einem großen politischen Skandal. Carla und einige Philosophen, die noch immer um Theorie bemüht waren, hatten die aufrechte Idee, für einen theoretischen Ansatz von Philosophie am Institut zu kämpfen. Das bedeutete in der Konsequenz, die Institutsleitung abzulösen, und zwar kraft des Geistes. Das Anliegen klang abenteuerlich angesichts der gerade beschlossenen Parteilinie.

Aber Carla war bis über beide Ohren verliebt in einen begabten Theoretiker, der noch nicht lange am Institut war. Mit ihm gemeinsam wollte sie endlich die theoretische Philosophie zur Geltung bringen. Mit ihrem Hänschen hatte sie vor, Philosophie als Wissenschaft zu installieren und das Institut zu revolutionieren. Ich fragte, welche Politbüromitglieder hinter ihnen stünden, fragte, ob sie den Auftrag zum Umsturz direkt von Honecker hätten, angesichts des Blödsinns, den Hager unlängst auf dem Philosophiekongreß von sich gegeben hatte. Als ich erfuhr, daß niemand hinter ihnen stand, außer ein paar aufrechten Genossen aus der Deutschen Kommunistischen Partei Westdeutschlands, das waren abgehängte Mitglieder der verbotenen KPD, und der Sozialistischen Einheitspartei, Berlin-West, bekam ich einen meiner Lachanfälle, für die ich bekannt war. So viel Weltfremdheit hatte ich selbst bei Berufsphilosophen nicht vermutet. Ich verstand, daß Carla verliebt war. Aber ich bat sie einzusehen, daß ihr Hänschen zwar klug sei und sympathisch, aber mein Leben wollte ich nicht für ihn geben. Ich würde jedoch verstehen, wenn sie ihres gäbe. Aber meinen Abgang aus der Philosophie wollte ich selbst bestimmen.

Und so ließ ich mich wieder krank schreiben. Diesmal von einem Psychiater aus der Charité. Ich war mit ihm befreundet. Ein Facharzt für Geistes- und Gemütskrankheiten konnte in der DDR eine Institution sein, die jenseits von politischen Wertungen lag. Wenn solch ein Arzt mich krank schrieb, konnte mich von seiten der Instituts- oder Parteileitung niemand mit politischen Stellungnahmen belästigen. Ein Psychiater konnte mich aus dem politischen Verkehr ziehen, ohne selbst politisch belangt zu werden. Gemeinsam erfanden wir daher eine Diagnose, legten ein Krankenblatt an und datierten es im nachhinein um zwei Jahre zurück. Dann gab er mir Anweisungen, wie ich mich zu verhalten hätte. Er verschrieb mir Antidepressiva, die ich nicht nehmen sollte und nicht nahm. Da er ein sparsamer Mensch war, bat er mich, die Tabletten, die ich aus der Apotheke aus Sicherheitsgründen abholen sollte, doch bei Kontrolluntersuchungen mitzubringen. So war ich über fünf Monate krank geschrieben, und zwar auf reaktive Depression. Wann immer ich das Wort „Philosophisches Institut« hörte, sollte ich bei offizieller Stelle in Tränen ausbrechen, riet mir der Doktor für Gemüts- und Geisteskrankheiten. Bei Vorladung zu Ärzte-Kontroll-Kommissionen spielte ich also die Nummer der depressiv Verstimmten, was mir nicht sonderlich schwerfiel.

Der Aufstand des Geistes gegen die Macht wurde vom Zentralkomitee der SED und ihrer Berliner Bezirksleitung zerschlagen. Carla und ihr Hänschen wurden aus der Partei ausgeschlossen, vom Institut gefeuert oder strafversetzt.

Nachdem sich der Polit-Wirbel etwas gelegt hatte, kündigte ich 1981 im gegenseitigen Einvernehmen mit der Institutsleitung. Hätte ich die Akademie zur gleichen Zeit verlassen, da die Entlassungs- und Disziplinarverfahren am Institut durchgeführt wurden, wäre meine Kündigung in den Zusammenhang mit der laufenden ideologischen Säuberungswelle gebracht worden. Mein Schwiegervater redete ganz entschieden auf mich ein, Monate mit der Kündigung zu warten. Schließlich wollte ich ja wohl mein Buch über Hegel in der DDR publizieren. Oder nicht? Ich wollte es, denn ich wollte Emanuel nicht verlieren. Und so wichtig waren mir die DDR und ihre Politik nun auch wieder nicht, als daß ich mich ihretwegen grundlegend mit der Familie überwerfen wollte. Mein Prinzip Hoffnungslosigkeit, das ich in der DDR lebte, entsprang ja gerade der Einsicht, daß es sinnlos war, sich für diese Vision sozialistischer Zukunft verbrauchen zu lassen.

Was mir aus meiner Kuczynski-Nische in diesen Jahren auffiel, da sich Oppositionelle artikulierten, war der unterschiedliche Umgang mit ihnen. Waren die Oppositionellen namenlos, wurde mit ihnen hart umgesprungen, denn sie waren wehrlos. Wenn sie nach Gefängnisstrafen abgeschoben wurden, hatten sie oft nicht mehr mitzunehmen als das, was sie nach der Haftentlassung am Körper trugen. Kamen die Oppositionellen aus privilegierteren Schichten der DDR, hatten sie als Künstler für ihre erfolgreiche Tätigkeit beim Aufbau der sozialistischen Heimat bereits vaterländische Verdienstorden und Nationalpreise von Staats wegen erhalten, ging die Parteiführung vorsichtiger mit ihnen um. Nach endlosen Gesprächen und Versuchen der Versöhnung durften sie zumeist friedlich ausreisen. Bei gültigem Impfpaß durften sie ihre Katzen und Hunde mitnehmen und in den achtziger Jahren mitunter auch ihre Wohnungen zumindest in Ost-Berlin behalten. Die sorgsam verteilten Privilegien griffen auch hier.

Angehörige der Prominenz und der Nomenklatura lagen bei der Staatssicherheit ohnehin in eigenen Karteikästen und wurden mit anderen Maßen gemessen. Insofern hatte ich nicht nur ein höchst privilegiertes Leben, ich hatte auch eine privilegierte Akte. Irgendwer machte mich darauf aufmerksam, daß ich als »Angehörige« mit anderen »Angehörigen« in einem Extra-Ressort gespeichert wurde. Die Akte käme aus dieser Extra-Kartei für privilegierte Kader und deren Angehörige nicht heraus, sie könne nur entsprechend meinem Verhalten mehr nach vorn oder nach hinten abgelegt werden.

Ich wollte also in der DDR bleiben. Ich fühlte mich trotz aller Meinungsverschiedenheiten wohl in der Familie, die mir half, wo mir zu helfen war. Ich wußte es zu schätzen, auch weil ich selbst nie eine Familie hatte, die mir Schutz geben konnte. Ich war der Familie dankbar, insbesondere meinem Schwiegervater, der mich immer verteidigte, auch innerhalb der Familie, und darüber hinaus meine intellektuelle Respektlosigkeit liebte. Ich las die meisten seiner Bücher nicht, weil ich politisch mit ihnen nicht zurechtkam. Er laß außer meinem Hegelbuch kein weiteres Buch von mir, weil ihm mein Geschriebenes zu traurig war. Darüber hinaus hatten wir eine tiefe Zuneigung zueinander, die innerhalb der Familie auch Neid aufkommen ließ.

Da ich mein Hegelbuch in der DDR publizieren wollte, hatte ich zu berücksichtigen, daß die Frau meines inzwischen allmächtigen Institutsdirektors im Ministerium für Kultur, Abteilung Zensur, arbeitete und dort zuständig war für alle Druckgenehmigungsverfahren philosophischer Literatur in der DDR. Die Tatsache an sich war mir bekannt. Aber ich verstand erst jetzt, daß hier so etwas wie ein Familienunternehmen zustande gekommen war. Wäre ich im politischen Krach aus der Akademie der Wissenschaften ausgeschieden, hätte ich das Hegelbuch in der DDR nicht publizieren können.

Das war keineswegs eine paranoide Konstruktion. Das Familiengeschäft funktionierte. Nachdem mein Buch anderthalb Jahre in der Hauptverwaltung für Druckgenehmigungen im Ministerium für Kultur gelegen hatte, bekam ich eines Morgens einen Anruf von der Frau meines nun früheren Chefs, sie fände das Buch sehr schön und sogar verständlich. Sie würde es daher genehmigen.

Das Buch erschien in einer Auflage von viertausend Exemplaren im Leseland DDR, in der zigtausend keine Seltenheit waren. Davon kam ein Drittel in die Bestände von Bibliotheken der Nationalen Volksarmee und der Rest in den Verkauf. Mit der Strategie einer Kleinstauflage und dem Vertriebsschlüssel Armee wurden zwei Probleme in einem gelöst. Erstens, die Kuczynski hatte kein Berufsverbot, zweitens, das Buch kam kaum in die Läden. Buchbesprechungen fanden so gut wie nicht statt. Eine Neuauflage kam nie zustande. Ein Lizenzverkauf in die Bundesrepublik wurde von den zuständigen Sicherheitsorganen des Kulturministeriums erfolgreich verhindert.

Nach der Wende holte ich mir einige Exemplare meines Hegelbuches aus den Armeebibliotheken, da ich kaum noch welche besaß.

Zehn Jahre Spezialistentum: Ich hatte gelernt, im Kopf zu überleben. Ich hatte gelernt, Antworten auf alle Fragen zu geben und Allsätze zu bilden, Sätze, die stimmten von hinten nach vorne und von vorne nach hinten. Sie konnten sich des Beifalls eines Fachpublikums erfreuen. Ich hatte gelernt, mich hinter vernünftigen Sätzen zu verstecken. Ich hatte gelernt, die Allsprache zu sprechen. Aus Angst vor der Angst war ich Spezialistin für das Allgemeine geworden. Freiwillig reduzierte ich mich auf das Wesentliche, auf das notwendige Allgemeine. Ja, distant war da Welt: Kein Schrei. Kein Dornbusch, der brennt. Kein kleines Licht. Keine Stimme gegen eine Stimme. Lautlos lag das Gesetz der Welt auf allem, so daß ich selbst an meinen gut gestrickten Lügen unschuldig schien. In äußerster Entfernung zu mir habe ich gelebt und das Lügen im Kollektiv gelernt. Ich habe die zynische Lebensart ausprobiert und sie nicht ausgehalten.

Schließlich hatte ich verstanden, daß sich die Verhältnisse nicht überlisten ließen, auch nicht durch die List der Vernunft.

Ich hatte die Zwanghaftigkeit des deduktiven Denkens verstanden. Das Phantasma der logischen Folgerichtigkeit, mit der »Welt« erschlossen werden sollte, unabhängig von jeder Realitätserfahrung, habe ich gelebt. Ich hatte mir eine fiktive Welt aufgebaut. Als Paradoxie in der Paradoxie hatte ich es geschafft, mit der »revolutionären Methode« meine Welt dichtzumachen gegen alle wirkliche Welt.

Gegen die Erfahrung zu leben, ja, auch das habe ich in dieser Philosophie gelernt. Die Augen zu verschließen und zu sagen, es sei gar nichts passiert, obwohl schon alles passiert war.

11

Das Versteck als Hausfrau war gut. Niemand nahm mich ernst, schon gar nicht politisch. Ich wurde, wenn überhaupt, als »Angehörige« wahrgenommen und aktenmäßig geführt.

Emanuel war indessen dabei, seine Karriere als Nomenklaturkader anzutreten. Er war über die Jahre darauf vorbereitet worden, das Familiengeschäft des Wirtschaftswissenschaftlers und Historikers zu übernehmen. Dazu übernahm er erst einmal das Akademie-Institut für Wirtschaftsgeschichte. Sein Vater hatte es gegründet und zu einigem internationalen Ansehen gebracht. Emanuel fand es völlig normal, daß der Vater dem Sohn die Institutsfahne übergab, damit er weitertrage, was der Vater begonnen hatte. Schließlich kämpften sie beide, das war auch der familiäre Konsens, für das Wohl des Volkes und für die sozialistische Wissenschaft. Dabei waren sie der Partei treu ergeben. Emanuel wurde von Jahr zu Jahr gesellschaftlich wichtiger. Als Kind von England-Immigranten sprach er ein sehr gutes Englisch, was in der DDR selten war, und wurde auch deshalb in unzählige internationale Kommissionen gewählt. Er glaubte an seine besondere Verantwortung als Heldenkind und war damit einverstanden, seine ganze Energie für den Aufbau einer besseren Welt einzusetzen.

Ich diskutierte mit ihm nicht, sondern erfand ein Leben zu seinem. Ich kümmerte mich auf Anraten meiner Schwiegermutter um den Herrenschneider, bei dem schon mein Schwiegervater seine Anzüge hatte nähen lassen, über Jahre. Ich suchte Stoffe und Farben für die diversen Sakkos zusammen und kümmerte mich um Krawatten. Für diese Umsicht dankten mir meine Schwiegereltern, schließlich hatte Emanuel zu repräsentieren. Dafür bekam er jetzt sogar Repräsentationsgelder. Ich übte mich in der Rolle der Haus- und Ehefrau eines immer wichtiger werdenden Mannes der wissenschaftlichen Nomenklatura. Ich imitierte meine Schwiegermutter, was von der Familie mit Erleichterung aufgenommen wurde. Es paßte gut zu dieser Rolle, daß ich wohlerzogen auf Empfängen kein dummes Zeug redete und für Gäste zu Hause gut kochte. Es paßte gut zu dieser Rolle, daß ich über Literatur, Musik und Philosophie im allgemeinen und im besonderen Bescheid wußte und die Gäste aus dem »kapitalistischen Ausland« damit entzückte. An meinem erfundenen Leben als

Ehefrau hatte ich zeitweilig durchaus auch Spaß. Spaß, den ich immer hatte, wenn es etwas zu spielen gab und ich bemüht war, das Stück so gut wie möglich zu spielen. So hatte ich es am Klavier gelernt, auch den schnellen Wechsel von einem Stück zum anderen.

Ich war raus aus allem. Oder besser. Ich war voll drin. Wenn ich noch weiter rausgewollt hätte, hätte ich die DDR auch physisch verlassen müssen. Denn nichts mehr von dem, was ich lebte, hatte noch mit dem Normalleben in der DDR zu tun. Die letzte schon fragwürdige Verbindung mit der DDR, das Philosophische Institut der Akademie, lag hinter mir. Vor mir lag das Leben in den Gärten der Nomenklatura. Von seinen Bäumen aus konnte ich das bedeutsame Treiben der politischen und wissenschaftlichen Elite des Landes beobachten und beobachtete es.

Im inneren Zirkel der Polit- und Wissenschafts-Nomenklatura feierte man die Feste und Jubiläen, wie sie fielen, und erfreute sich der wirtschaftlichen Scheinerfolge, die durch die Milliardenkredite der bundesdeutschen Regierung ins Land flossen und den Bankrott der DDR erheblich verzögerten. An solchen Festen nahm ich als Angehörige selbstverständlich teil.

Im Hause Kuczynski fielen die hohen Feste alle fünf Jahre zu Ehren des Geburtstages meines

Schwiegervaters. Sie wurden von Fünftjahr zu Fünftjahr pompöser, die Gratulationscour länger und länger. Mein Schwiegervater hatte ein durchaus ironisches Verhältnis zu dem offiziellen Zirkus. Aber immer war er auch geschmeichelt, wenn Mitglieder des Politbüros erschienen und ihn gar noch lobten.

Seit dem Machtantritt von Honecker war er in Sachen kapitalistische Weltwirtschaft dessen Ghostwriter geworden und mächtig stolz darauf, daß Honecker beinahe der einzige Parteichef innerhalb der sozialistischen Länder war, der ab und zu etwas zur Weltwirtschaft sagte, und dann noch etwas so Gescheites. Und da die Worte des Generalsekretärs zur Weltwirtschaft nicht oft genug wiederholt werden konnten, schrieb Jürgen Kuczynski nach dem Bekanntwerden der Honecker-Reden auf diesem SED-Plenum oder jenem Parteitag dann noch im Parteiorgan »Neues Deutschland« einen Artikel zu den von Jürgen Kuczynski ausgearbeiteten Teilen der Rede. Das hieß, er begrüßte die immensen Einsichten, die Honecker letztens zur Lage der kapitalistischen Weltwirtschaft geäußert hatte. Dabei betonte er diesen oder jenen Aspekt oder schwächte ab, damit »das Volk« besser verstand, worum es in der kapitalistischen Weltwirtschaft ging.

In dem Maße, in dem die internationale Anerkennung der DDR und die Zufriedenheit des

Westens mit Honecker wuchsen, in dem Maße wuchs die politische Bedeutung von Jürgen Kuczynski. Somit wuchs auch die Bedeutung seiner Geburtstage bei aller auf- und abebbenden Verstimmung im Politbüro über diese oder jene Äußerung oder Ansicht. Beispielsweise über die antagonistischen Widersprüche im Sozialismus, die es definitionsgemäß nicht gab. Die Gratulationscour wurde größer. Das Blumenmeer in der Mitteletage des Hauses assoziierte bei allen Familienmitgliedern eher eine etwas aus den Fugen geratene Beerdigung. Meine Schwiegermutter bat daher nach solch einem Geburtstag alle Kinder, so viele Blumen mit nach Hause zu nehmen, wie jeder zu tragen imstande war.

Zu solchen Staatsgeburtstagen wurden auf der Protokollstrecke für die ankommenden Mitglieder vom Politbüro und Zentralkomitee der SED die Straßen ordentlich gefegt. Drei bis vier Stunden vor dem Staatsbesuch verteilten sich unauffällige Männer mit dunkelgrünen und -blauen Kutten made in GDR auf der Straße. Die Mehrzahl von ihnen trug einen Mehrzweckknirps bei sich. An den Zufahrtsstraßen und Kreuzungen standen parkende Autos mit Fahrern. Das Szenarium für die Sicherheit der Führer vor ihrem Volke war landesweit bekannt. Wenn ich, um meiner Schwiegermutter bei den letzten Vorbereitungen zu helfen, Stunden vor dem Empfang in die Parkstraße einbog, grüßten mich die Sicherheitsposten. Ich grüßte nicht zurück. Das konnte ich mir als Angehörige leisten, nicht nur an diesem Tag, bevor ich hinter dem grünen Gartentor verschwand. Die Unauffälligen spielten mit ihren Walkie-talkies und probierten ihre Reichweite aus, sichtlich erfreut über die neue Technik im Kampf um die Sicherheit ankommender Gratulanten.

An eben solch einem Geburtstag erschien das Politbüromitglied Günther Mittag, und ich erfuhr von dem Staatsgeheimnis, daß Herr Mittag ein Holzbein hatte. Oder gar zwei? Ich weiß es nicht mehr. Beeindruckt hatte mich, daß diese Tatsache ein Staatsgeheimnis war, in das ich als Angehörige nun eingeweiht worden war.

Als Gattin lief ich an solchen Geburtstagen durch die Mitteletage des Hauses in der Parkstraße mit seinen 14 Zimmern, voll von Büchern, und goß mitunter Champagner nach. In meiner Tagrolle als Angehörige redete ich über die letzten Neuigkeiten und Moden. Dabei schien es nur oberflächlich betrachtet eine Ungereimtheit zu sein, daß ich in dieser Runde auch über die Tatsache Genugtuung empfand, mit der herrschenden Orthodoxie zwanglos zu reden. Ich habe mich in solchen Augenblicken beobachtet und gespürt, wie meine Angst abnahm, weil ich in solchen Momenten fühlte, mir könne nichts passieren. Wie ich dabei vergessen konnte, daß mir ja schon alles passiert war, weiß ich nicht. Warum ich die Illusion brauchte, mir ginge es ganz gut, warum ich mir Zuspruch für diese fixe Idee ausgerechnet bei der herrschenden Politbürokratie des Landes holte, hat bestimmt einen Grund in der Angst, die doch immer da war, wenn ich sie zuließ. Übergroß stand sie dann vor mir, so daß ich keinen Fuß mehr vor den anderen zu setzen vermochte. Mit der Angst kam jene Traurigkeit, die ich besser nicht mehr zuließ. Jedenfalls hatte ich es mir so vorgenommen. Denn diese Traurigkeit konnte binnen kurzem alle Tagrollen durcheinanderbringen und unvermittelt die Frage stellen, was das eigentlich sollte, das Theater, das ich hier spielte. Soweit wollte ich es nicht kommen lassen, denn ich hatte mich entschieden, da half kein Lamentieren. Ich spielte mit und hatte mich eingerichtet zwischen mir und mir. Ich spielte um den kleinen Freiraum in meinem Laufgitter, das ich in die Bäume gestellt hatte.

Solch eine Geburtstagscour war streng hierarchisch inszeniert. Vom Politbüro über die Sekretäre des Zentralkomitees der SED, die Akademiepräsidenten, die Kreissekretäre der SED, die Sekretäre des Schriftstellerverbandes bis zur Nationalen Front und dem Frauenbund kamen die Repräsentanten, um Jürgen Kuczynski zu gratulieren und dabei zu sehen und gesehen zu werden.

Nie kam Honecker selbst zu solch einer Gratulation. Aber wenn ein Mitglied des Politbüros erschien, und dann noch ein augenblicklich hoch im Kurs stehendes, war klar, daß Jürgen Kuczynski im Honeckerschen Politbüro nicht in Ungnade geraten war.

Diesen Ausdruck, »Ich bin mal wieder in Ungnade gefallen«, hat mein Schwiegervater selbst noch in seine 1992 publizierten Memoiren übernommen. In Ungnade zu fallen hieß für einen Angehörigen der wissenschaftlichen Nomenklatura, durch eine politische Äußerung Mitglieder des Politbüros erzürnt zu haben. In Gnade oder Ungnade gefallen zu sein und zu behaupten, es gäbe im Sozialismus antagonistische Widersprüche oder gar Entfremdung, was eben nicht sein durfte. Der Kampf der gesellschaftswissenschaftlichen Nomenklatura war daher der Kampf zwischen Erkenntnis und Parteilinie. Dazwischen standen die Parteidisziplin als Regulativ und die ungeheure Anmaßung zu entscheiden, was »unsere Menschen« wissen durften und was nicht. Der Kampf der wissenschaftlichen Nomenklatura war auch der Kampf darum, was das Politbüro seiner und der eigenen Bequemlichkeit wegen wissen sollte und was nicht. Es ging darum, den alten Männern die Laune nicht zu verderben.

War das Mißverhältnis zwischen offiziellen Partei-Verlautbarungen und offensichtlichen Mißständen so groß, daß Unruhen im DDR-Volk zu befürchten waren, mußte eingelenkt werden. Eingelenkt wurde von Autoritäten. Wenn Jürgen Kuczynski nicht freiwillig als antifaschistischer Immigrant aus England in die DDR gekommen wäre, hätte er wie Stephan Hermlin als Autorität mit bestimmten Merkmalen von der Partei erfunden werden müssen. Wichtig war die Kombination von Antifaschistischem, Kommunistischem und Bildungsbürgerlichem in einem Intellektuellen. Das Antifaschistische und Kommunistische diente der politischen Legitimation, daß sie mehr sagen durften als andere Intellektuelle, und das Bildungsbürgerliche der geschichtlichen Tradition revolutionärer Bourgeois, deren Erbe von der DDR, der offiziellen Propaganda nach, angetreten worden war. Beide Autoritäten hatten innerhalb der DDR eine Integrationsfunktion zwischen kritischen Intellektuellen und der Parteilinie. Ihre Rolle bestand darin zu sagen, was andere Wissenschaftler oder Schriftsteller nicht sagen durften. Beide waren nicht nur symbolisch gut befreundet mit Erich Honecker. Sie waren es tatsächlich. Die Kunst beider Autoritäten lag darin, das zu sagen, was gesagt werden durfte, und ein klein wenig mehr. Das »klein wenig mehr« war ihr politisches Risiko und zugleich ihre intellektuelle Leistung.

Dafür bekamen sie allerhand Orden und öffentliche Belobigungen, denn, um diese Fähigkeit richtig einzusetzen und zu dosieren, dazu gehörte eine enorme Disziplin.

Diese Mittlerfunktion zwischen Parteiführung und intellektuell interessiertem Volk wuchs mit zunehmender Akzeptanz und Annäherung der DDR an den Westen. Denn einerseits waren da Gesprächspartner und Gesprächsrunden gefragt, wie sie Stephan Hermlin initiierte, auf denen er sich selbst zum spätbürgerlichen Denker ausrief, was taktisch auch als Einladung an bürgerliche Intellektuelle des Westens gedacht war. Und die Mittlerfunktion wuchs andererseits in dem Maße, in dem die DDR zu Ende ging und die Diskrepanz zwischen offiziellen Verlautbarungen und offensichtlichen Mißständen zunahm. Je größer das Mißverhältnis, um so mehr wuchs die Bedeutung von Jürgen Kuczynski und seine Rolle als Volksaufklärer, die er freiwillig und mit großem Ernst wahrnahm. Aufklärung, von diesem Zauberwort war die Parteiführung fasziniert und er auch. Das Unerklärliche zu erklären, es auszusprechen Wort für Wort. Dabei war die aufklärerische Leidenschaft immer auf den politischen Ausgleich zwischen Volk und Parteiführung gerichtet. Jürgen Kuczynskis große Wirkung ging von seiner intellektuellen Weltläufigkeit aus, mit der er verständlich zu machen versuchte, daß er den Volkszorn zwar verstünde, daß aber die »Partei« in diesem Fall so und nicht anders handeln könne. Das intellektuell interessierte Publikum nahm seine ausgleichende Rolle als Volksaufklärer dankbar an, denn zumindest für einen Augenblick schien das Unerklärliche erklärt. Man sah sich nicht mehr allein gelassen mit all den vielen Ungereimtheiten des politischen Lebens.

Zu all den Privilegien als Angehörige kam unerwartet für mich ein weiteres hinzu. Da mein Buch »Nächte mit Hegel« in einem Literaturverlag verlegt worden war, wurde ich nun als Schriftstellerin wahrgenommen. Davon wurde ich in mehrfacher Weise überrascht. Es schien mir lächerlich, aber als Schriftstellerin wurde mir eine gesellschaftliche Bedeutung zugesprochen, die mich zunächst irritierte; dann mußte ich über sie lachen. Ich hatte bis zum Ende der DDR Schwierigkeiten, das plötzliche Staatsinteresse an meinem freischaffenden »Werk«, wie es nun hieß, ernst zu nehmen.

Den Grund des Interesses verstand ich schon, er galt der Kontrolle, die im herkömmlichen institutionellen Sinne nicht mehr gegeben war. Ich hatte keinen Chef, keine Arbeitsgruppe, keine Partei- oder Gewerkschaftsorganisation mehr, in die ich arbeitsmäßig eingebunden war.

Bald nachdem mein Hausfrauendasein bekannt geworden war, wurde ich zum Schriftstellerverband eingeladen. Einer der Bezirkssekretäre fragte mich, ob ich mit meiner Wohnung zufrieden sei, ob ich ein Auto brauche, eine Erholungsreise und so fort. Wenn ich Probleme hätte, könnte ich jederzeit kommen. Ich bedankte mich freundlich und beließ es dabei.

Erst nach der Wende 1989 wurde ich Mitglied des Verbandes, weil ich für kurze Zeit den Eindruck hatte, gegen die Literaturbonzen Stellung nehmen zu müssen, auch weil ich mich in ihren demagogisch-rationalen Trickkisten besser auskannte als viele protestierende Schriftsteller.

Über den Grund der zahlreichen Privilegien von namhaften Schriftstellern und Künstlern in der DDR hatte ich mir bis zu meinem Abgang aus der Akademie kaum Gedanken gemacht. Ich begriff erst jetzt ihre politische Rolle. Da es in den Medien nur eine fiktive Öffentlichkeit gab, waren die Schriftsteller und Künstler als freiberufliche Individuen eine personifizierte Möglichkeit, Mißstände auszusprechen bzw. Mißstände zu vertuschen. Auch sie konnten eine Mittlerfunktion zwischen Regierung und Regierten innerhalb des DDR-Staatsvolks einnehmen und waren daher von enormer politischer Bedeutung. Diese Mittlerfunktion konnte in doppelter Weise wahrgenommen werden. Von den kritischen Künstlern, indem sie in und mit ihren Werken versuchten, Mißstände und Unzulänglichkeiten auszusprechen, um sie in der

Öffentlichkeit zur Diskussion zu stellen. Von den Staatskünstlern und Hofdichtern, indem sie in ihren Werken die bestehenden sozialistischen Zustände als die glücklichsten Zustände der Menschheit überhaupt priesen. In politisch ausgeglichenen Zeiten hielten sich linientreue und kritische Künstler die Waage und trugen somit zum Interessenausgleich, innerhalb des von der Parteiführung überwachten Meinungsbildungsprozesses, bei. In politisch angespannten Zeiten gewannen die Künstler, die sich als Propagandisten der herrschenden Orthodoxie verstanden, die Oberhand. Inhalt und Maß des Gesprächs im Volksstaat wurden durch die Zensurbehörde im Kulturministerium oder durch die Zensur der Literatur- und Tageszeitungen bestimmt. Je größer die tatsächlichen Differenzen zwischen Volk und Staatsmacht, desto wichtiger wurden für die DDR-Bürger die Schriftsteller und Künstler, die aussprachen, was alle wußten.

Kritische Künstler und Schriftsteller, die mehr sagten, als sie sagen durften, wurden gemaßregelt. Wenn dies nicht hinreichte, setzten Kampagnen ein. Um die Fügsamkeit kritischer Schriftsteller zu erzwingen, wurden ihnen einige der sorgsam sortierten Privilegien entzogen. Gingen beispielsweise die Schriftsteller in ihrer literarischen Produktion über das Erlaubte hinaus und sagten etwas, das im Kontext »freier Meinungsäußerung« nicht gesagt werden durfte, entzog man ihnen die gewährten »Extras«. Die einen durften dann nur noch mit einem begrenzten Privatvisum in den Westen reisen, was unbekannte oder junge Künstler nie durften. Anderen anerkannten Künstlern wurde das Dienstvisum entzogen, mit dem sie im Auftrag der Deutschen Demokratischen Republik ständig aus- und einreisten. Wieder andere Künstler durften Devisenkonten führen oder eben nicht mehr führen. Die einen bekamen zur Strafe aus dem Sonderkontingent für Autos, das den wichtigen Persönlichkeiten des Landes offenstand, keinen neuen Wagen ohne quälende zehnjährige Wartezeiten, die anderen bekamen keinen Telefonanschluß. Wenn die Künstler in den Westmedien protestierten, daß sie nicht zur Frankfurter Buchmesse fahren durften, um zu lesen, waren die unmündigen DDR-Bürger nicht empört. Die unmündigen DDR-Bürger liebten ihre Schriftsteller. Sie waren ihnen dankbar, daß die Künstler das aussprachen, was sie nicht aussprechen durften. Sie hielten sich an das politische Rollenspiel. Erst als sie für sich forderten, was die Künstler längst durften, als die Privilegien also allen gleichermaßen zukommen sollten, brach die DDR zusammen.

Der politische und soziale Statusverlust traf die DDR-Künstler in der neuen Bundesrepublik dann um so härter, je mehr sie sich mit dem politischen System der DDR arrangiert hatten oder geglaubt hatten, ihre Bedeutung beruhe tatsächlich auf ihrem Talent, also auf ihrem »Werk«.

Den privilegierten und weniger privilegierten Künstlern und Schriftstellern der DDR war gemeinsam, daß sie glaubten, der Sozialismus sei eine bessere Zukunft, an deren Gestaltung sie mitwirken wollten. Da mir dieser Glaube fehlte, hatte ich keine emotionale Möglichkeit einer Verständigung mit ihnen. Ich konnte weder ihre Wut noch später ihre Trauer teilen, daß der Sozialismus nicht geworden war, was sie von ihm geträumt hatten. In meinen Träumen kam kein Sozialismus vor.

Ich schrieb vor mich hin und entzog mich dem sozialen Rollenspiel der Künstler. Mir fehlte der intellektuelle Mut vorherzusagen, was gilt und was wahr sein sollte. Und lange Zeit war ich mir selbst nicht sicher, ob ich überhaupt eine Schriftstellerin war. Darüber hinaus hatte ich mich zu lange in den Philosophien herumgetrieben. Ich hatte verstanden, daß unser Wissen vornehmlich ein eingeübtes Ritual ist, um unsere Sprachlosigkeit gegenüber dem, was wirklich geschieht, zu verbergen. Ich hatte gelernt, je klarer wir die Sätze bauen, um so weniger verstehen wir, was wirklich geschehen ist oder noch immer geschieht. Mir fehlte die philosophische Naivität, mit der viele Künstler in der DDR Zukunft beschrieben oder beschworen. Mir fehlte nach zehn Jahren als Geschichtsphilosophin die philosophische Arglosigkeit, zu glauben, daß ausgerechnet ich wissen sollte, was gilt und was Grund ist, um Wahrheit zu werden. Über Vernunft, Gott und Sinn in der Weltgeschichte war längst gesagt worden, was zu sagen war.

Ich war ins Arbeitszimmer emigriert. Hier war meine Nische, die ich dicht zu machen suchte. Darin sollte ich bald eine Meisterschaft entwickeln. Ich erfand das Versteck im Versteck, in allem, was ich tat, fand ich ein weiteres Versteck. Ich war fortgegangen, ohne den Ort gewechselt zu haben, an dem ich mich aufhielt. Ich lebte wieder nicht in der Welt, in der ich herumlief. Ich lebte in dem Roman, den zu schreiben ich begonnen hatte. In seinen Figuren versuchte ich, mir entgegenzukommen. Ich erfand Leben, um mich vom Leben »da draußen« abzugrenzen. Ich nahm einen neuen Fluchtweg auf, nachdem ich den transzendentalen Raum aufgegeben hatte. Es war der Weg zurück ins künstlerische Dasein. Hier konnte ich auf Erfahrungen zurückgreifen. Hier war ich nur bedingt wieder Anfängerin meiner eigenen Verhältnisse.

Meine finanzielle Unabhängigkeit von staatlichen Stipendien und Förderungen erwarb ich mir mit einer finanziellen Abhängigkeit von der Familie. Mit dem Kompromiß, von der Familie zu leben, kam ich zurecht, auch weil ich mich letztlich ihretwegen politisch zurückhielt und überhaupt nur Emanuels wegen in der DDR geblieben war. Die Familie machte es mir zusätzlich leicht, denn nie habe ich irgendwelche Vorwürfe gehört, daß ich beinahe gar kein Geld verdiente. Alle Kinder bekamen doch zu Weihnachten das sogenannte »Zettelchen«, das war der Weihnachtsscheck. Er wurde höher, je mehr mein Schwiegervater publizierte und Vorträge hielt. Er schenke lieber mit der warmen Hand, sagte er, Geld brauchten wir, solange wir jung seien, im Alter habe man keine Kraft mehr, es auszugeben, war sein Kommentar, und außerdem würden wir uns dann nicht so sehr auf seinen Tod freuen. Und so freuten wir uns alle Jahre wieder auf den Weihnachtsscheck. Zudem kam, daß Emanuels Gehalt beträchtlich stieg, je mehr er seiner Arbeit als Angehöriger der Nomenklatura nachging. Da wir weder Haus noch Garten, noch Auto hatten und auch all das nicht wollten, hatten wir Geld, mehr als wir für Bücher und Auslandsreisen in die sozialistischen Vergnügungszentren am Schwarzen Meer oder am Balaton auszugeben imstande waren.

12

Ein Leben als die Frau des Professors mit den langen Haaren und den weiten Kleidern, die schwieg, wo es angebracht war und das Familiengeschäft betrieb. Auf Empfängen und Festakten trat ich in diesem Leben als Gattin auf und spielte die Dame in Schwarz mit viel Chiffon und indischer Seide. Abseits von diesem Leben tat sich bald ein weiteres Leben auf. Es gehörte Claude, dem Geliebten. Er hatte diese grünen, diese traurigen Augen, von denen ich nicht genug bekam. Er konnte Gedichte noch und noch. Von ihm hörte ich Nerudas »Farewell« zum erstenmal: »Aus deiner Tiefe und auf den Knien / blickt, traurig wie ich, ein Kind uns an. / Für jenes Leben, das glühn wird in seinen Adern, / müßten wir unsere Leben mit Stricken binden ... Für seine Augen auf Erden offen / werde in deinen ich eines Tags Tränen sehn. / Ich will's nicht, Geliebte ...« Das war der Gegenton, den ich brauchte, damit ich mein öffentliches Glück aushielt. Denn hinter allen Tagrollen, in die ich mein

Leben zu jener Zeit aufgeteilt hatte, stand unheilbar diese Hoffnungslosigkeit, für die ich keine Worte fand und über die verzweifelt zu sein ich mir abtrainiert hatte. Claude durchschaute meine Verzweiflungsspiele noch am ersten Tag, da wir uns auf einem Fest trafen. »Trauer ist ein nicht enden könnender Abschied«, sagte er mir, bevor er das Fest verließ.

Daß unsere Liebe keine andere Zukunft hatte als den Augenblick, in dem sie stattfand, war der leidenschaftliche Grund, auf dem sie immer wieder ausbrach. Daß jede Liebesnacht die letzte sein könnte, machte ihre Ekstase aus. Die Aussichtslosigkeit war der Boden, auf dem sie wuchs, und unser tiefes Einverstandensein mit diesem Zustand. Wir waren Vertriebene. Wir wußten, das Leben, das anderswo einst war, würde nie wieder sein können. Ein Zurück wird es daher nicht geben können und auch kein Hin. Hin und zurück war der Augenblick, da wir uns liebten.

Claude war nach dem Sturz Allendes in die DDR emigriert. Er war Bourgeois und gehörte der Kommunistischen Partei Chiles an. Diese Partei hatte strenge Moralprinzipien für ihre Mitglieder im Exil. Ehebrechen war bei Strafe durch Ausweisung aus der DDR verboten. Inwiefern diese Prinzipien mit der SED abgesprochen waren, weiß ich nicht.

Auf jeden Fall mußte unsere Liebe gleich doppelt geheimgehalten werden, zum einen vor den Ehepartnern, die nicht verletzt werden sollten, und zum anderen vor den diversen Geheimdiensten. Eine gute Freundin, selbst Chilenin und Frau eines ehemaligen Ministers unter Allende, half, wo sie konnte. Mit ihr gemeinsam verwischten wir Spuren um Spuren, legten Irrwege an, versprachen den Geheimdiensten volles Haus, wo sie Leere vorfanden. Wir erfanden logistische Spiele.

Ich war mittendrin, obwohl ich weit weg von der DDR schien. Ich lernte, daß selbst intime Bereiche der politischen Kontrolle und Selbstzensur unterlagen. Auch hier war mir das Versteck im Versteck notwendige Normalität geworden, um mir die Illusion eines privaten Raumes zu sichern, für den Selbstkontrolle die unabdingbare Voraussetzung war. Daß es Claude und mir gelungen ist, unsere Liebe vor den diversen Geheimdiensten zu verbergen, glaube ich nicht. Aber meine privilegierte Akte ist, wie andere privilegierte Akten aus den Karteikästen für »Prominenz und ihre Angehörigen«, während der Wendezeit von der Staatssicherheit vernichtet worden. Darüber war ich zunächst wütend. Heute sehe ich in der Tatsache, nicht wissen zu können, wer mich bespitzelte, eines meiner letzten Privilegien aus der DDR-Zeit.

Hier bei den Chilenen traf ich Esther wieder. Sie hatte sich in einen Schriftsteller aus Valparaíso verliebt. Mit ihm wollte sie nach Lateinamerika gehen. Die Revolution und sich wollte sie dort hintragen. Sie ahnte inzwischen, daß in der DDR etwas schiefgegangen war. Die Erlösung würde hier nicht stattfinden. Aber so direkt konnte sie sich das nicht eingestehen, daher gab sie ihre Wünsche nach besserer Zeit in das Textbuch der Weltrevolution. Sie wollte weg, wie so viele in dieser Zeit. Die »Weltrevolution« war schließlich ein Grund, das Land zu verlassen, und hatte für Esther den Vorteil, keinen Bruch mit ihren Eltern zu provozieren.

So entgegengesetzt unsere Gründe für die Liebe zu den Chilenen auch waren, waren wir doch froh, uns wiedergefunden zu haben. Sie buk Empanadas wegen der »Weltrevolution«. Ich buk Empanadas, weil ich mit dieser nichts zu tun haben wollte. Beide entdeckten wir García Márquez, Jorge L. Borges, Pablo Neruda. Ich war begeistert von den mexikanischen Malern Siquéiros und Orózco. Ich lebte in den Liedern von Violetta Para, Victor Jara und den Inti-illimani. Ich lebte ein Leben mit Claude jenseits der DDR – und war doch mittendrin in dem Gespinst. Denn die Sicherheitskräfte vergaßen die Chilenen in der DDR nicht. Ihre Überwachung war beinahe öffentlich. Und so schärfte mir Claude ein, auf keinen Fall mit Esther über ihn zu sprechen. Esthers Schriftsteller war auch in der Kommunistischen Partei. Sie waren also Compañeros, und dennoch oder gerade deshalb; was wisse er schon von diesem Schriftsteller, außer daß er sein »Genosse« war und für Luis Corvalán gearbeitet hatte. Außerdem mußte die Möglichkeit der »Dina«, des chilenischen Geheimdienstes, mitgedacht werden, insistierte Claude.

Solche Überlegungen bezüglich der Geheimdienste gehörten also nicht nur in den Alltag zwischenmenschlicher Beziehungen innerhalb der DDR, sie gehörten auch zur Liebe, wie ich lernte. Die Überlegung, ob »er« oder »sie« für irgendeinen Geheimdienst arbeiteten, oder nicht, stellte sich auch mir irgendwann für jegliche Beziehung. Bei geliebten Menschen hoffte ich, sie seien in keinen Geheimdienst verstrickt. Aber sicher war ich mir nur bei ganz wenigen Menschen in meiner näheren Umgebung, dazu gehörten Emanuel und Esther. Ich hatte in Erfahrung gebracht, daß Kinder von früheren Spionen nur selten wieder als Spione angeworben wurden, aus Gründen möglicher familiärer Befangenheit, Spionage als Familiengeschäft zu betreiben. Da sowohl Esthers als auch Emanuels Eltern während des Zweiten Weltkriegs für den sowjetischen Geheimdienst gearbeitet hatten, redete ich mir das ein. Ohne die pragmatische Gewißheit, daß zumindest Emanuel und Esther nicht für die Staatssicherheit arbeiteten, wäre ich verrückt geworden. Ich mußte es einfach glauben.

Die paranoide Grundstimmung in der DDR war, so lernte ich Ende der siebziger Jahre, nicht landesspezifisch, sie gehörte zur kommunistischen Ideologie. Der Feind als das schlechthin Bedrohliche, das nicht Kalkulierbare! Weil die leninistische Ideologie das Unberechenbare ausschloß, und zwar als Zeichen ihrer theoretischen Überlegenheit, konnte nicht sein, was nicht voraussehbar war, und wenn doch Unvorhersehbares eintrat, war es das Werk des Feindes. Der mußte dann ausgetrieben werden, wie der Teufel in seiner volkstümlichen Gestalt im Mittelalter.

So saßen wir zusammen und sangen die Lieder der chilenischen Emigranten von besseren Zeiten. Ab und zu kam der natürliche Gedanke auf, ob unser Nachbar nicht vielleicht bei diesem oder jenem Geheimdienst sei. Mit und unter Spitzeln zu leben war mir, je länger ich in der DDR lebte, Alltag geworden.

Es fällt mir heute schwer, nachzuvollziehen, wie sich ehemalige DDR-Bürger in einem Land geborgen fühlen konnten, in dem irgendwann der selbstverständliche Verdacht aufkam, ihr Nachbar könnte auch ein Spitzel und gerade auf ihn angesetzt worden sein. Vielleicht hängt mein Unverständnis damit zusammen, daß ich nie das Gefühl hatte, in der DDR zu Hause zu sein.

Als Emanuel und ich nach Berlin-Mitte zogen, hatte kurz zuvor eine Familie mit Kind die Nachbarwohnung gemietet. Der Mann arbeitete offiziell bei der Kriminalpolizei. Er begrüßte uns bei unserem Einzug herzlichst und half uns von Stund an. Er kümmerte sich in rührender Weise um unsere häuslichen Belange. Er reparierte Wasserhähne, Schlösser und Türen und was eben anfiel in einer sozialistischen Altbauwohnung. Wir wußten, daß er uns auch bespitzelte. Wenn unser Telefon nicht funktionierte, und es funktionierte immer dann nicht, wenn Emanuel eine Westreise machte, bat ich ihn, das Telefon in Ordnung zu bringen. Ich sagte ihm, wenn das Telefon nicht ginge, könne auch nichts abgehört werden. Ich müsse dann leider, leider in eine Telefonzelle gehen. Binnen zwei Stunden ging das Telefon meist wieder. Ich bedankte mich für die zügige Arbeit der »Genossen«. Ich hatte ein zynisch entspanntes Verhältnis zu meinem Nachbarn und schätzte seine Zuverlässigkeit und Korrektheit, mit der er tat, was er tat. Aber ich wußte immer, mit derselben Korrektheit, mit der er sich um unser häusliches Wohlsein kümmerte, hätte er uns auch verhaftet, wenn er den Befehl bekommen hätte. Er hätte uns ganz korrekt angeboten, sich während unserer Abwesenheit um die Wohnung zu kümmern und die Blumen zu gießen. Er wußte, daß ich das wußte. Vor Einbrechern waren wir sicher in unserer Wohnung. Ich hätte die Tür auch offenstehen lassen können. Wir gaben unserem netten Nachbarn die Wohnungsschlüssel, damit er in unserer Abwesenheit nach dem Rechten sehen konnte.

Ab und zu hatte ich das hexische Bedürfnis, selbst gemütliche Stunden in der Geborgenheit von allerhand Spitzeln zu organisieren. Ich wollte prüfen, ob mein Versteck auch wirklich sicher war. Dafür machte ich Feste, ein- bis zweimal im Jahr, für nicht weniger als 50 Gäste, das war meine Devise. Sie kamen aus Ost und West. Je mehr Gäste sich einfanden, um so sicherer fühlte ich mich, weil die Anonymität keinerlei persönliches Gespräch zuließ. Ich vergewisserte mich auf diesen Festen, ob ich es wirklich geschafft hatte, mein Gesicht zu verbergen, nicht nur vor den diversen Sicherheitsdiensten, sondern überhaupt. Mitten im Gedränge bemaß ich auf solchen Festen die Entfernungen, eine nach der anderen, um mich zu vergewissern, ob ich den Abstand auch zu halten vermochte. Keiner sollte herausfinden, wo ich mich tatsächlich befand. Dazu provozierte ich mit meinen Einladungen ein Stelldichein der Geheimdienste, indem ich viele Ausländer einlud. Ich hatte über die Jahre mein absolutes Gehör auf die Schwingungen von Geheimdienstlern trainiert. Der Raumklang war ein anderer, wenn ein oder zwei oder drei verschiedene Geheimdienstler ihre Fragen und absichtslosen Nebensätze im Raum abluden und die Ahnungslosen spielten, wenn sie Interesse heuchelten und dabei registrierten, wer mit wem worüber sprach. Wenn sie beobachteten, daß ich sie beobachtete, hatte ich mein Spiel nicht gut gemacht. Bei diesen paranoiden Spielen war ich allerdings überzeugt, die Staatssicherheit würde mir nichts tun, solange ich die Abmachung einhielt und mich öffentlich mit jeglicher politischen Meinungsäußerung zurückhielt.

Emanuel mochte meine Feste. Ihren Grund habe ich ihm nie gesagt. Daß wir bespitzelt wurden, fand er logisch. Alle wichtigen Personen wurden von Zeit zu Zeit überwacht. Das sei nicht besonders sympathisch, aber es muß sein, auch der eigenen Sicherheit wegen, war Emanuels Überzeugung.

Daß die Stasi in der poststalinistischen Ära wesentlich zum Zerfall dieser Ära beigetragen hat, wird meines Erachtens durch den einseitigen Blick auf die von der Stasi produzierten Akten heute noch nicht genügend erkannt. War es doch vornehmlich die Staatssicherheit, die jegliches öffentliche Leben verhinderte und die DDR-Bürger in die privaten Räume trieb. Durch Drohungen, Einschüchterungen und, wo notwendig, durch massive Gewalt hat die Staatssicherheit die Bürger davon abgehalten, sich öffentlich zu äußern. Jenseits des offiziellen und veröffentlichten Lebens entstand dadurch Öffentlichkeit im privaten Raum, der für die Überwachung sehr aufwendig wurde, auch von der Anzahl der zu rekrutierenden Spitzel her, da die Nischen in jeder Wohnung entstehen konnten. Je mehr Nischen in der Endphase der real schwindenden politischen Staatsmacht entstanden, desto mehr inoffizielle Mitarbeiter wurden zur Überwachung gebraucht, und um so mehr ging die Stasi dazu über, auch der eigenen Effizienz wegen selbst Nischen einzurichten und hatte Mühe, sie nicht auffliegen zu lassen. Vielleicht galt das auch für meine Feste, die zu organisieren ich immer wieder aufgemuntert wurde.

Ironischerweise kann die Stasi als das eigentliche »Institut für Meinungsforschung« in der ehemaligen DDR bezeichnet werden. Sie hatte herauszufinden, was die Menschen wirklich dachten, um ein von der offiziellen Ideologie abweichendes Denken und Handeln zu unterbinden. Dazu waren alle Methoden der Brutalität erlaubt, solange sie der »Sache« dienten.

Ich war mittendrin, obwohl ich meinte, daß ich draußen war. Ich gewöhnte mich also an die Sicherheitsposten nicht nur vor dem Haus meiner chilenischen Freundin in Berlin-Niederschönhausen, deren Ehemann Vorsitzender der Sozialistischen Partei Chiles im Exil war. Mitunter grüßte ich die Sicherheitsposten gar. Ich gewöhnte mich auch an die Sicherheitsposten vor und in dem Regierungskrankenhaus, in dem meine Schwiegermutter immer öfter weilte. Und ich gewöhnte mich an die Posten in den Gästehäusern der Regierung, die von der Familie häufiger besucht wurden, da es meiner Schwiegermutter von Jahr zu Jahr schwerer fiel, Gäste bei sich im Haus zu bewirten. Ich befolgte die Familienregel, keinerlei vertrauliche Information bei solchen Essen an die Gäste und an die verdienten Persönlichkeiten zu geben. Man könnte schließlich nicht vorsichtig genug sein, jede Information sei auch ein Risiko. Dieser Fetischcharakter der Information war eine Regel, die aus der Zeit der illegalen Tätigkeit als Familientradition in den politischen Alltag der DDR übernommen wurde und mit einigem Erfolg auch hier gehandhabt werden konnte. Denn so paradox es auch klingen mag, jeder dieser sehr wichtigen Kämpfer für die gemeinsame Sache stand in einem ganz besonderen Verhältnis zur Macht. Ihre persönliche Beziehung zu den Mitgliedern der Politbürokratie war einmalig und daher unvergleichbar, wodurch jeder verdiente Kämpfer für sich das Gefühl haben konnte, er allein hätte eine wahre und echte Beziehung zum Politbüro oder seinen Sekretären, mitunter gar zum Generalsekretär. Hinzu kam, daß die Sicherheitskräfte ein solch kompliziertes Netz um all die hervorragenden Personen gesponnen hatten, daß nie auszumachen war – und für mich schon gar nicht –, wer denn nun mit wem Aufträge für das Große und Ganze zu erfüllen hatte und daher der großen Sache wegen seinen Mitstreiter auch noch in die Irre führen mußte, um den persönlichen Auftrag nicht zu gefährden.

Mein Problem blieb, daß ich nicht verstand, was eine vertrauliche Nachricht war und was nicht, weil die Ansichten über Vertrauliches, streng Vertrauliches und Öffentliches mitunter von einer Stunde zur anderen wechselten. Daher schwieg ich zumeist freundlich bei solchen Essen.

Und mein Problem blieb auch, daß ich nie verstanden hatte, was eigentlich illegale Tätigkeit war. Das hing wahrscheinlich damit zusammen, daß ich nicht ernstlich an den Feind glauben konnte, und ohne Feind hat illegale Arbeit keinen Sinn. So befolgte ich zwar die Regeln der Konspiration, die in der Familie galten, beispielsweise am Telefon keinen Namen zu nennen oder mich gar politisch abfällig über diese oder jene schwachsinnige Maßnahme zu äußern. Ich hielt mich auch daran, keine Adressen in der Wohnung herumliegen zu lassen, aus Prinzip nicht, wie Emanuel meinte, auch wenn meine Prinzipien in dieser Angelegenheit eher auf den Familienfrieden ausgerichtet waren.

Rückblickend meine ich, die Nomenklatura hatte schon das richtige Gefühl oder, um es in ihrer Sprache zu sagen, den richtigen Klasseninstinkt, Menschen außerhalb ihres eigenen Standes mit Mißtrauen entgegenzutreten und sie potentiell als »feindlich« anzusehen. Schließlich hatte jede Schicht innerhalb der Nomenklatura etwas zu verlieren. In ihrer Gesamtheit verfügte die Nomenklatura über des Volkes Eigentum, das sie sich nach eigenem Maß aneignete. Sie bestimmte, wo, wie und was investiert werden sollte, und nahm sich selbst vom Volkseigentum, was ihr als Nomenklatura nach eigenem Gutdünken zustand. Das konnte sie aber nur, solange sie politisch die Macht behielt. Der Kampf um diese Macht einte die Nomenklatura nach innen zur Neuen Klasse gegenüber dem Volk und nach außen gegenüber der sogenannten kapitalistischen Welt. Ökonomisch gesprochen, hatte es »die herrschende Bürokratie«, wie Milovan Djilas die Nomenklatura in seinem weltbekannten Buch »Die neue Klasse« auch nennt, meines Erachtens nicht geschafft, eine Klasse zu werden. Die »herrschende Bürokratie«, wie sich bald herausstellte, war zur Reproduktion des Eigentums auf eigener sozialistischer Grundlage nicht fähig. So konnte die Nomenklatura der DDR über das ihr zugefallene Eigentum zwar verfügen, aber es instand halten, geschweige denn »Kapital« daraus schlagen konnte sie schon nicht mehr. In der DDR war es den Politbürokraten möglich, das ihr vom Kapitalismus hinterlassene Eigentum bis zur Substanz hin aufzuzehren. Kurz vor dem Ende der sozialistischen Planwirtschaft wurden die Pflastersteine der Gehwege schnell noch im Namen der Planwirtschaft gegen Devisen verkauft. Ohne die Kredite der Bundesregierung und ihrer Banken wäre das Ende vom Ende der DDR einige Jahre früher gekommen.

Das Leben der Nomenklatura in der DDR hatte mit dem Leben »unserer Menschen« nichts zu tun. Auch deshalb konnten die Stimmungsberichte »Über die Lage der arbeitenden Klassen und denkenden Schichten in der DDR« von unten nach oben so verfälscht werden.

Innerhalb der Nomenklatura wiederum waren die Privilegien ordentlich sortiert. Sie wurden nach Anteil und Interessen der Funktionselite an der Machterhaltung differenziert und trennten die einzelnen Schichten und Berufsstände innerhalb der Nomenklatura wieder voneinander, die, im Kampf gegen die uneinsichtige Bevölkerung vereint, handelten. Während daher die wissenschaftliche Elite eher mit Westliteratur gefüttert wurde und Lesetage in der Staatsbibliothek »West« bekam, bekam die Funktionselite der Volkspolizei, die für die Aufrechterhaltung der öffentlichen Sicherheit und Ordnung zuständig war, Zugang zu sinnlicheren Genüssen.

Das Ministerium für Inneres hatte beispielsweise einen eigenen Küchenservice, dessen »Zentrale«, soweit ich es über die Jahre verstanden hatte, in Bad Saarow oder in Groß-Körris war. Eines der Wunder, die Esther vollbringen konnte, bestand darin, dort telefonisch Essen zu bestellen. Waren ihre Eltern verreist, lud sie mich mitunter in das Haus der Eltern nach Berlin-Niederschönhausen ein und bestellte über diese Küche leckere Sachen, die in der DDR sonst nicht zu bekommen waren, vom feinsten Schinken auf Melone über französischen Käse bis hin zu frischem Obst. Ab und zu gab es auch eine Muschelsuppe, die so vorzüglich war, daß ich mich noch heute an sie erinnere. Die Bestellung dieser Leckereien beim Dienstleistungskomplex des Ministeriums des Inneren erfolgte über eine Geheimnummer, die ich aus Sicherheitsgründen nicht erfahren durfte. Daher weiß ich bis heute wirklich nicht, wo sich diese Küche letztlich befand, die diese köstliche Muschelsuppe zubereitete. So saßen wir öfter in der bewachten Siedlung für hervorragende Persönlichkeiten des Staates, die ausgerechnet den Namen von Majakowski trug, und aßen die von Mitarbeitern des Ministeriums transportierte Muschelsuppe oder den Schinken mit Melone oder beides. Und dieses Essen hatte in der Tat etwas Konspiratives, denn wir hüteten uns, über unser »Abendmahl« zu sprechen.

13

Während ich mich mehr und mehr an die Rund-um-Überwachung gewöhnte und nicht begriff, was vertraulich war und was nicht, sorgte Gorbatschow für neue sozialistische Träume und Hoffnungen. Ich glaubte keine Stunde, daß Gorbatschow die Erlösung bringen würde, nicht weil ich etwa historisch von besonderer Weitsicht war, sondern weil ich an keinen Messias zu glauben vermochte: Noch einmal Christus, der neue Mensch, der Sowjetmensch, der alles richten würde! Die rote Plakette mit seinem Porträt wurde mit und ohne Muttermal auf der Stirn anfangs zu fünf Mark gehandelt. Die allerersten dieser Plaketten kamen aus Feindesland als Westimport über die Grenze. Die Politgreise um Honecker fürchteten Gorbatschows Gedanken von Anfang an, zu Recht, wie sich herausstellte. Der Handel mit Kopf auf rotem Grund kam trotzdem in Schwung.

Das Buch »Die Perestroika« erschien in deutscher Sprache zuerst in der Bundesrepublik. Die

Zensurbehörde der DDR stand vor dem Dilemma, das Buch des Generalsekretärs der KPDSU nicht verbieten zu können. Aber sie konnte sein Erscheinen verzögern und in kleiner Auflage drucken, weil das Buch dann schwer zu bekommen war. So schmuggelte uns eine Freundin Gorbatschows Gedanken »Über die zweite russische Revolution« zwischen Grönlandshrimps und Vanilleeis in der Tiefkühltasche aus dem KaDeWe über die ostwestdeutsche Grenze.

Der Text erinnerte mich in seinem beschwörenden Ton von Anfang an an Robespierres Reden an den Konvent. Auch er beschwor das Volk und rief auf, etwas zu tun, nur, was zu tun war, blieb unklar. Gorbatschows Buch war ein zu Herzen gehender Appell: Wir sollten, wir müßten, wir dürften! Es war ein moralischer Tusch, schön zum Lesen und zum Träumen. Aber in meinen Träumen kam der Sozialismus nicht vor, daher suchte ich nach realen Vorschlägen für die Änderungen des Wirtschaftskurses und fand statt dessen innige, warme, beschwörende und warnende Worte, aber kein ökonomisches Konzept. Gorbatschow hatte keinen Weg! Er bat das Volk, besser zu werden. Er forderte den guten Willen, den schon Kant und Rousseau gefordert hatten. Da war keine politisch-ökonomische Analyse, die Schlußfolgerungen zuließ und Taten implizierte. Es waren aneinandergereihte Sollsätze. Ich gab Gorbatschow keinerlei Chance. Mit einem Wodkaverbot gegen Disziplinlosigkeit und schlechte Arbeitsmoral angehen zu wollen zeigte meines Erachtens die Hilflosigkeit des gesamten Konzepts, einschließlich der Tatsache, daß durch den ausbleibenden Alkoholverkauf dem Staat eine wichtige Steuerquelle entzogen wurde. Natürlich begriff ich nicht, daß Gorbatschow die friedliche Auflösung des »Experiments 70 Jahre Sozialismus« einleitete. Mit meiner Blindheit befand ich mich zumindest in guter Gesellschaft, wohl auch von Gorbatschow selber.

Vorerst sangen nicht nur Emanuel und Esther die Lieder der Perestroika und trugen die Gorbatschow-Plaketten. Sie träumten von einem neuen Beginn. Ich fand nicht hinein in ihren Traum. Wieder fühlte ich mich ausgestoßen. Nicht durch sie, nein, durch meine Unfähigkeit. Warum konnte ich an keinen Messias glauben? Warum fand ich nicht hinein in ein Textbuch, das von Hoffnung auf bessere Zeiten sprach? Nur zu Anfang meiner Zeit in der DDR war ich einsamer und zurückgeworfener auf mich. Ich fühlte, daß etwas in der Beziehung zu Emanuel unwiederbringlich zu Ende ging. Es hatte mit Zuspruch zu tun, den wir uns in Zukunft nicht mehr zu geben vermochten. Claude, der meine Niedergeschlagenheit spürte, kam auf Nerudas »Farewell« zurück: »Ich will's nicht Geliebte. / Auf daß nichts uns binde / daß nichts uns vereine.« Dem hatte ich nichts hinzuzufügen.

So stand ich eines Morgens am Fenster. Sommerhimmel über der Stadt, so weit ich sehen konnte. Ich war deprimiert wie schon lange nicht mehr. Eigentlich hatte ich gelernt, solche Tage zu überstehen. Aber an diesem Morgen wollte mir der Anfang nicht gelingen. Ziellos verließ ich die Wohnung und lief durch die Straßen. Vor einer Kirche ganz in der Nähe blieb ich stehen. Ich hatte von ihrem Superintendanten gehört, daß er einer der klügeren sei. Ich fragte nach ihm. Er war zufällig da. Ich sprach mit ihm über Gott und wie man zu ihm gelangen könnte. Für einen Augenblick wußte er nicht, ob ich es ernst meinte, was ich da fragte. Er nannte mich bei meinem Familiennamen, er habe gehört, daß ich Philosophin sei. Ich bat ihn, meinen Beruf und den Namen für einen Augenblick zu vergessen. Es ginge ausnahmsweise um mich. Ich schluckte, Tränen vor ihm waren nicht angebracht. Er versuchte es mit philosophischen Sätzen. Ich unterbrach ihn. Philosophische Sätze wisse ich selbst, sie hülfen mir nicht mehr, im Gegenteil. Er hielt ein, ging mit mir hinüber in die Kirche und spielte auf der Orgel einige Takte aus der Toccata C-Dur von Bach BWV 564. Dann sah er mich freundlich und erwartungsvoll an. Ich war wütend, ich fühlte mich überrumpelt. Ich setzte mich auch an die Orgel und spielte aus der Fuge derselben Toccata, was mir einfiel, bis mir ihre kontrapunktische Raffinesse Einhalt gebot. Wortlos lief ich aus der Kirche.

Irgendwie hatte er sogar recht. Wenn überhaupt war Gott auch in der Musik, jedenfalls für mich. Aber das half mir in dieser Zeit nicht.

14

Meine Zeit in der DDR ging zu Ende. Ich verließ das Land, in dem ich nie heimisch geworden war. Ab 1985 begann ich, meine Privilegien bewußt zu nutzen, und holte mir zunächst einmal zeitweiligen Ausgang aus dem sozialistischen Staat, zur Relativierung und Erholung. Aufgrund dessen, daß ich nach dem Erscheinen meines Hegelbuches als Schriftstellerin geführt wurde und tatsächlich an einem Roman über meine Kindheit im geteilten Berlin schrieb, war ein Anlaß gegeben. Schließlich spielte der Roman im Westen und im Osten, daher seien Recherchen in beiden Teilen der Stadt notwendig. Außerdem brauchte ich Ausgang aus dem sozialistischen Paradies, sagte ich im Büro des stellvertretenden Kulturministers, dessen Liebesbriefe ich aus dem Gästehaus der Regierung für die Liebste geschmuggelt hatte. Ich bekam zunächst ein zeitlich begrenztes Privatvisum für West-Berlin, ohne die Auflage, über meinen Aufenthalt und meine Begegnungen in West-Berlin bei irgendwelchen Behörden berichten zu müssen, was in der Akademie der Wissenschaften als Gegenleistung verlangt worden war. Später bekam ich ebenfalls bedingungslos ein Dienstvisum und wurde bei der Aus- oder Einreise kaum mehr kontrolliert.

Nach beinahe 25 Jahren zum ersten Mal wieder ins kapitalistische Ausland zu fahren, das in West-Berlin begann, hatte etwas Bedrückendes. Am Bahnhof Friedrichstraße, dem Grenzkontrollpunkt für die Aus- und Einreise in die DDR, bekam ich Angst. Wie oft hatte ich meine Großmutter bis zum Tränenpalast, wie dieser Grenzübergang im Volksmund auch hieß, begleitet, hatte ihr nachgewinkt, bis sie im schmutzigen Neonlicht des Glaspalastes verschwand. Wie oft hatte ich an diesem Ort gegen Tränen angekämpft. Jetzt, da sie in dieser Stadt nicht mehr lebte, durch den Tränenpalast in die freie Welt zu treten war beklemmend. Klischees hatten sich da auf einmal versammelt in mir. Ich betrat nun Feindesland, voll von Gangstern, voll von Verbrechern. Ich wollte es mir nicht eingestehen. Aber sie waren da, die Propagandabilder über den Westen, in dem man seines Lebens nicht sicher sein konnte. Die bedrückende Atmosphäre am Grenzkontrollpunkt, das Licht, die schmalen Zugänge zur Zoll- und Grenzpolizei verfehlten ihre Wirkung auf mich nicht.

Erstaunlich im nachhinein ist, daß ich nicht hinauswollte. Daß ich plötzlich Angst hatte, den mit Minen gesicherten »antifaschistischen Schutzwall« zu verlassen, hinter dem ich mich mit der Zeit gemütlich eingerichtet hatte. Über die Wirkung des Eingesperrtseins und die Angst danach hinauszugehen habe ich lange nachgedacht, auch weil es mich verblüffte, daß ich gerade an der Grenze nach draußen diese Angst bekam, eine Angst, die sich wiederholte im viel größeren Ausmaß, als die Mauer fiel. Später habe ich gelesen, daß diese Angst vor der Freiheit nach langem Eingesperrtsein ein bekanntes Symptom von Häftlingen nach der Entlassung sei.

Damals holte mich Claude am Grenzübergang Friedrichstraße ab. Ich war ihm dankbar. Die ersten Schritte in Feindesland lief ich also an der Hand des Liebsten. Er schenkte mir eine weiße Rose als Symbol für meine Unschuld und ging mit mir schnurstracks ins Kaufhaus des Westens. Als ich nach etwa einer Stunde sagte, daß ich mich nicht gut fühlte, weil mir schwindlig sei, lachte er zufrieden. Gott sei Dank, meinte er, und daß er diesen Spaziergang durch das KaDeWe nur zur Abschreckung mit mir unternommen habe.

Von Steglitz abwärts wurde ich sicherer in West-Berlin. Hier hatte sich nicht viel verändert. Die Straßen und Häuser waren, was sie vor 25 Jahren waren: gediegene Wohn- und Villenviertel. Wir fuhren hinaus zum Schlachtensee. Meine Großmutter war tot, das Haus verkauft. Es war Sommer. Wir schwammen zweimal quer über den See, er war noch immer sehr kalt. Ein Spaziergang um ihn herum war beruhigend wie in meiner Kinderzeit. Der Wunsch, alles hinter mir zu lassen und mit Claude fortzugehen, stand übergroß in mir. Claude nahm mich fester in den Arm. Wir wußten, es ging nicht.

Ich habe nie wirklich zu ihnen gehört, zu den antifaschistischen Kindern und ihren Familien. Sosehr ich mir auch Mühe gab, die Regeln, einschließlich die der Konspiration zu erlernen. Mir fehlte es nicht nur an politischer Reife, wie es mal freundlich, mal als Vorwurf hieß, mir fehlte es auch an familiärer Legitimation. Esthers Mutter hatte das nach mehr als 15 Jahren noch einmal auf den Punkt gebracht, als sie mich eines Abends beinahe vertraulich fragte: »Und du hattest nicht einmal einen Onkel, der im Widerstand gewesen war?« Nein, ich hatte keinen Onkel im Widerstand. Ich hatte überhaupt keinen Onkel. Darauf, einen zu erfinden, bin ich nicht gekommen.

Meine Eltern waren einfach nur Mitläufer, deutsche Mitläufer, in einem Krieg, der sie zutiefst beschädigt hatte, was ihnen zu Recht keine mildernden Umstände einbringen konnte in den Augen der antifaschistischen Familien, die zumeist jüdischer Herkunft waren. Sosehr sie sich auch Mühe gaben, mich nicht merken zu lassen, daß ich eigentlich nicht zu ihnen gehörte, so sehr war da eine Distanz, auch eine kulturelle. Soweit diese Distanz ihre intellektuelle Weltläufigkeit betraf, konnte sie überwunden werden, je mehr ich mich hineinfand in ihr kulturelles Leben. Die Distanz, die aus ihrem Glauben an den Kommunismus herrührte, war für mich durch nichts zu überbrücken. Wo dieser Glaube an den Kommunismus durch einen einfachen Glaubenswechsel geschah, wie bei Esthers Mutter, deren Vater Rabbiner war, konnte sogar eine gewisse Kontinuität vom alten zum neuen Glauben gewahrt werden. Denn zu einem auserwählten Volk, das den Bund mit der »Geschichte« eingegangen war und sich verpflichtet hatte, deren Gesetzen treu zu bleiben, gehörte sie noch immer.

Aber die Mehrheit der kommunistischen Juden in der DDR hatte ihre religiöse Bindung zum Judentum schon über die zweite oder dritte Generation verloren. Mit der wissenschaftlichen Variante der Assimilation über ein Bekenntnis zum Kommunismus und seiner marxistisch-leninistischen Weltanschauung schien das Problem der Assimilation nun sogar universell gelöst zu sein, indem sich alles Judentum in internationale Solidarität und weltweite Verbrüderung aufzuheben schien. Diese über mehrere Generationen aufgebaute Identität wurde gegen Ende des Sozialismus nun erschüttert. Weniger von den Eltern als von den antifaschistischen Kindern wurde die Frage nach der eigenen Identität erneut gestellt. Wen wundert es, wenn gerade diese Kinder in den achtziger Jahren die Jüdische Gemeinde entdeckten und sich nun auch öffentlich darauf besannen, daß sie jüdische Kinder waren.

Auf der Suche nach sich befragten viele von ihnen ihre Vergangenheit nach der vermeintlichen Gewißheit ihrer Eltern, durch Assimilation ihre jüdische Herkunft in Internationalismus und Weltrevolution aufheben zu können. Dabei hatten sie die richtige Ahnung, daß ihnen die Jüdische Gemeinde auch Schutz durch Abgrenzung gewähren konnte. Die Isolation und auch Verstiegenheit vieler antifaschistischer Kinder konnten hier vorerst ebenso erhalten bleiben wie ihre »natürlichen Privilegien«. So wurde das Judesein von vielen dieser Kinder in den achtziger Jahren als Nische in der Nischengesellschaft entdeckt. Verstiegen und gegen Ende des Sozialismus verunsichert, trieb ihr Bedürfnis nach Abgrenzung zuweilen groteske Blüten. So fand bald die erste jüdische Hochzeit in der Ostberliner Gemeinde statt, zu der Emanuel eingeladen war und wir selbstverständlich zusammen gingen. Am Eingang zum Gemeindesaal wurde ich angehalten und darauf aufmerksam gemacht, daß auf Bitten der Braut zur Hochzeit nur Juden zugelassen wären. Emanuel lachte lauthals los. Als er merkte, das dies kein Scherz war, machte er kehrt und war ziemlich empört. Er sprach von Semiten in der Jüdischen Gemeinde und hat sie zu DDR-Zeiten nicht wieder betreten.

Die Rückbesinnung vieler Heldenkinder auf ihre jüdische Vergangenheit hatte also eine Logik. Zu ihr gehörte auch der zwei, drei Jahre später vollzogene Übergang einiger antifaschistischer Kinder von der marxistisch-leninistischen Staatskirche zur jüdischen Gemeinde als Schutzraum vor den Wirren der Zeit. Es war daher nicht zufällig, daß Esther, nachdem sie von ihrem chilenischen Schriftsteller verlassen worden war, Anschluß in der Jüdischen Gemeinde suchte. Daß Esther als Tochter des ersten und einzigen jüdischen Generalmajors in der Geschichte der DDR dann den einzigen Gast-Rabbiner der Ostberliner Gemeinde heiratete, der auch noch aus den USA kam, war eine politische Metapher für ihre emotionale Verfassung.

Durch die Aufwertung des Jüdischen gegen Ende der DDR, das Bemühen um gute Beziehungen zu Israel versuchte die SED-Führung, die wirtschaftlichen Beziehungen zu den Vereinigten Staaten zu verbessern. Ein Staatsbesuch Honeckers in Washington sollte das Ziel ihrer Bemühungen sein. Und soviel hatten die Wirtschaftsexperten der DDR verstanden: Ohne die Zustimmung der organisierten amerikanischen Juden würde das nicht möglich werden. Die bis dahin unvorstellbare Aufwertung des Jüdischen im Interesse der DDR konnte den antifaschistischen Heldenkindern wiederum erlauben, ihren Glauben hinüberzuretten und der DDR auch noch treu zu bleiben. Die Sängerin für bessere und gerechtere Zeiten verließ daher mit einigem Zögern im Mai 1988 als »Rabbinerin« mit offiziellem Segen des Politbüros die DDR, um, angekommen beim Klassenfeind in den USA, um menschliches Asyl und um die Green card zu bitten. Sie wechselte nicht nur die Religion, sie fand in dem aus Polen stammenden Rabbiner, der Auschwitz überlebt hatte, auch Spuren ihres antifaschistischen Kindseins wieder, an das sie ihr Leben in den USA knüpfen konnte.

Die DDR ging zu Ende, bevor sie zu Ende war, nicht nur für mich. Ihre Wirtschaftsexperten versuchten, Devisen zu bekommen, woher immer es möglich schien. Und eine Zeitlang sah es aus der Sicht der DDR-Bürokratie so aus, als ob die »Jewish Lobby« in den USA dazu bereit wäre, nicht nur in den Wiederaufbau der Berliner Synagoge zu investieren.

Während Esther sich der Gemeinde zuwandte, wandte ich mich an die amerikanischen Juden, die als Freunde der Familie regelmäßig einen Teil ihrer akademischen Sommerferien in Deutschland verbrachten und von denen viele auch meine

Freunde geworden waren. Über Jahre hatte ich ihre Berichte über die Welt und ihre Sicht auf das politische Weltgeschehen interessiert zur Kenntnis genommen. Was sie erzählten über da draußen, reichte mir, zusammen mit den Berichten der Chilenen und ihrer Sicht auf das politische Weltgeschehen, jahrelang aus. Ich nahm die Nachrichten von »draußen« mit in mein Versteck und setzte mir das Stückchen Welt zusammen, das ich frei ins Haus geliefert bekam. Es erleichterte mir nach 1989 wesentlich die politische Orientierung. Daß viele jüdische Intellektuelle vor dem Mauerfall nicht gekommen waren, weil sie nicht verstanden, warum sich Jürgen Kuczynski, der gutbürgerliche jüdische Intellektuelle, in einem geistig recht beschränkten Hofstaat zum Narren hatte machen lassen, erfuhr ich erst in den Jahren nach 1989.

Ich wandte mich also an die Freunde der Familie. Ich sagte, daß ich hinauswollte. Nicht weg, aber hinaus. Ich gab die Rolle der Frau Professor mit den langen Haaren auf und diskutierte intellektuell erwachsen, sprach über meine politischen Ansichten, die ich mir in meinem Versteck hoch in den Bäumen gebildet hatte, und sprach auch über die Beobachtungen des Lebens in den Gärten der Nomenklatura. Freunde nahmen mein Buch über Hegel und Bewerbungsunterlagen mit in die USA. Sie sagten, daß sie sich kümmern würden, und sie kümmerten sich. Etwa ein halbes Jahr später bekam ich eine Einladung und ein Stipendium vom Council for European Studies der Columbia University New York, und eine Gastdozentur an der State University New York at Buffalo, Faculty of Social Sciences, bekam ich auch.

Ich trug die Einladung zum Kultusministerium. Die zuständige Sachbearbeiterin murmelte, das kommt überhaupt nicht zustande, solch einen Fall hätten sie noch nie gehabt. Ich bat mal wieder um einen Termin beim stellvertretenden Kulturminister. Ich sagte, falls ich kein Visum für die USA bekäme, würde ich darüber sprechen, daß mein inzwischen fertiger Roman »Wenn ich kein Vogel wär« schon beinahe ein Jahr bei der Hauptverwaltung für Zensur liege und keine Druckgenehmigung bekomme.

Der Vizeminister sagte, ich solle einen ausführlichen Antrag schreiben, in dem ich erklärte, was ich in den USA zu tun gedenke, und ihn in seinem Büro abgeben. Gemeinsam mit Emanuel schrieb ich einen Antrag und einen Vorlesungs- und Reiseplan für die Vereinigten Staaten und bekam ein Visum, direkt von der Reisestelle im Büro Honecker. Daß die Genehmigung für meine Reise zur Angelegenheit der Regierung gemacht wurde, sprach nicht für die Bedeutung der Reise, sondern für die Nichtigkeiten, mit der sich die Regierung beschäftigte.

Die Macht war also auch von mir erpreßbar.

Das war die mir persönlich wichtigste Erfahrung bei der Vorbereitung meiner USA-Reise. Sie bedeutete, ich würde mit großer Wahrscheinlichkeit auch in Zukunft meinen Willen durchsetzen können.

Die Reise in die USA war nicht nur das Ende meines Zwangsaufenthalts in der DDR. Sie war zugleich ein Anfang in der »schönen neuen Welt«, die zwei Jahre später auch in der DDR ankam, nachdem sich die DDR-Bürger zu Fuß und per Bahn aufgemacht hatten, endlich selbst nach dem Paradies zu sehen.

Auf dem Kennedy-Flughafen wartete Frank, ein Freund aus West-Berlin, der nach New York geheiratet hatte, auf mich. Er nahm mich an die Hand, denn da war zunächst wieder die Angst. Angst vor »der Freiheit« des Unbekannten. Angst vor selbstbestimmten Schritten außerhalb des überwachten Staates, die nun in der so unüberschaubaren wie gefährlichen Stadt New York zu machen waren.

Ich setzte vorsichtig Schritt vor Schritt und bemaß die Angst in ihrem Abstand zu den Jahren, in denen sie sich angestaut hatte. Sie trieb mich um in den ersten Tagen. Doch dann: Gleich an der 107. Straße hinter der Columbia-Universität rannte ich plötzlich, rannte den Broadway hinunter. Meine Angst löste sich und ging über in das unendlich schöne Gefühl, frei zu sein. An der 72. Straße blieb ich stehen, schloß die Augen und horchte auf den Rhythmus des New Yorker Verkehrs. Die Geschwindigkeit der Schritte, mit der die Fußgänger an mir vorbeizogen, prägte ich mir ein und die Lautstärken des nur durch die Ampeln zum Stehen kommenden Stroms von Autos. Ich nahm ihr nicht enden wollendes Hupen in mich auf. Es mischte sich in den Ton der Sirenen von Polizeiautos. Sie hielten das Stadtgeräusch in einem von mir bis dahin nicht gehörten Gleichgewicht.

Ich war frei. An der 72. Straße in Manhattan begriff ich es. Schon die Frage, ob ich wieder hinter die Mauer zurückgehen würde, lag in meiner selbstbestimmten Entscheidung. Zum ersten Mal in meinem Leben hatte ich die freie Wahl zwischen den beiden Weltsystemen. Mit diesem Gefühl lief ich durch die Stadt. Ich war berauscht von der Weite, begeistert von ihrer Dimension. Ich lief stundenlang. Immer wieder blieb ich stehen und setzte mich mit den Skylines in Beziehung, näherte mich, um mich von ihnen zu entfernen. Ihre Höhe wollte ich bemessen und den Himmel über ihnen, der da blieb. Ich versteckte mich im Schatten der Wolkenkratzer, dort, wo kaum mehr Licht einfiel, hockte ich und schrieb ein Gedicht auf sie. Seinen Rhythmus holte ich mir von der Straße. Dann zog ich weiter. Ich war auf dem Weg ins Rockefeller Center. Mit einer Freundin wollte ich dort zu Mittag essen. Da stand ich hoch oben über Manhattan und sah aus den Fenstern auf die Stadt, als eine kaum zu bändigende Wut in mir aufstieg. Diese Polit-Bürokraten und Tattergreise der Nation: All das also sollte ich nie zu Gesicht bekommen in meinem Leben! Nicht New York, nicht den Atlantischen Ozean, auch nicht den Pazifischen, nicht den Mississippi, nicht die Rocky Mountains und auch nicht San Francisco. Ich begann eine Ahnung davon zu bekommen, daß ich unendlich viel versäumt hatte in dem Sicherheitstrakt des ersten Arbeiter-und-Bauern-Staats, in dem ich mich gemütlich eingerichtet hatte.

Ich flog von einem Ende der USA zum anderen und genoß die Weite. Ich war geradezu süchtig nach ihr. Unterwegs hielt ich Vorträge über Hegel und die Klassische Deutsche Philosophie. Ich las aus meinem Roman »Wenn ich kein Vogel wär«. Freunde hatten das Manuskript aus der DDR geschmuggelt. Ich tat, was mir in der DDR nie gelungen war, ich sprach frei und ohne Angst. Ich redete zum ersten Mal, nachdem ich die Akademie der Wissenschaften aufgekündigt hatte, wieder über Philosophie, und ich redete ohne selbstauferlegte Zensur. Ich hatte sie glücklicherweise in meinen Hausfrauenjahren vergessen. Selbst die alten Schlauheiten, mit denen die Zensur zu umtänzeln war, fielen mir nicht mehr ein. Die Jahre in meinem Hausfrauenversteck hatten ein Resultat, ich war meiner selbst sicher geworden. Ruhig konnte ich nun sagen, das weiß ich nicht, und war froh, nicht mehr alles wissen zu müssen. Ich war gelassener und vielleicht auch souveräner geworden. Beides probierte ich hier in den USA aus.

Ich begriff, mein Spezialwissen würde die DDR überleben. Das war mehr, als ich erwartet hatte. Mit Hegel und der Klassischen Deutschen Philosophie hatte ich geistig nicht nur die DDR überstanden. Ich konnte außerhalb der DDR an mein Wissen anknüpfen. Es hatte Bestand. An den amerikanischen Universitäten bekam ich eine lebendige Bestätigung dafür. Denn die Studenten zeigten sich nicht nur interessiert, weil sie gut erzogen waren. Sie stellten auch die wichtigen Sachfragen, die zur Klassischen Deutschen Philosophie zu stellen waren. Ich konnte also außerhalb der DDR philosophisch kommunizieren. Und dies nicht nur am Philosophischen Institut der Columbia-Universität, wo sich nach 1933 bis in die fünfziger Jahre viele deutsche Emigranten und Auswanderer zusammengefunden hatten. Auch an anderen Universitäten gab es philosophische und germanistische Institute mit gut ausgebildeten Studenten und Spezialisten.

Doch so froh ich war, daß mein Spezialistentum auf sich bestehen konnte, so sehr langweilte es mich auch außerhalb des sozialistischen Lagers.

Schon in der DDR war ich der »Hegelei« überdrüssig geworden. Das Problem, das ich mit Hilfe der Philosophie lösen wollte, hatte ich gelöst. Ich hatte eingesehen, es wird keine Lösung geben. Die Fragen nach dem »Woher«, »Wohin« und dem »Warum«, sie würden in alle Ewigkeit unbeantwortet in Raum und Zeit stehen.

Jetzt war ich süchtig, zu sehen und zu erleben. Die Strukturen der Philosophien, und waren sie noch so raffiniert, brachten mich nicht mehr ins Staunen. In Erstaunen setzte mich nun viel eher Einfachheit. Von dem aus Holz gesägten Esel Picassos im »Museum of Modern Art« war ich fasziniert. Vor ihm stand ich stundenlang. Ich konnte mich nicht satt sehen an der Klarheit seiner Linien und dem Standpunkt, den Picasso in aller Schlichtheit mit ihm zur Diskussion gestellt hatte.

Ich genoß meine Zeit in den USA und flog von einer Stadt zur anderen. Die Stasi flog hinter mir her oder eilte mir voraus. Jedenfalls war eine schon zur DDR-Zeit bekannte Stasiagentin immer gerade dort, wo ich demnächst ankam oder abflog. Ich hatte ein zynisches Verhältnis zu ihr und ließ ihr Grüße bestellen, wo es sich ergab. Die amerikanische »middle class« war in Sachen Sicherheitsdienst von anrührender Unschuld. Freudig erzählten mir die Universitätskollegen, daß meine Landsmännin gerade dagewesen sei oder nach meiner Abreise ankommen würde. Und sie bedauerten, daß wir so dicht aneinander vorbeiflogen. Scheinheilig bedauerte ich auch und nahm zur Kenntnis, daß mir die Stasi die Information zukommen lassen wollte, sie beobachte mich.

Die Stasi in der USA hatte für mich etwas Surrealistisches. Ich konnte sie nicht ernst nehmen. Hingegen das FBI hatte mich beeindruckt. Bei einer Tagung der German Studies Association in St. Louis setzte sich ein gutaussehender Herr beim Abendessen zu mir. Er stellte sich als FBI-Mitarbeiter vor und erzählte mir dann, was für Probleme seine Behörde mit meiner Einreise hatte. Auf meinen Unterlagen für ein Visum stand in der Rubrik »Jetzige Tätigkeit«: Hausfrau, was formal den DDR-Tatsachen entsprach. Ich war weder freiberuflich gemeldet noch in einem Angestelltenverhältnis. Aber was wußte das FBI von solchen DDR-Spielen? Anscheinend nichts. Für das FBI war ich ein Fall, den hatten sie noch nicht: Eine deutsche Hausfrau fährt als Hegelspezialistin an die Columbia-Universität, sagte der gutaussehende Mann und lachte. Sie dachten, dies sei vielleicht eine ganz neue Generation von DDR-Agenten. Er hob sein Glas und wünschte mir auch weiterhin guten Aufenthalt in den Vereinigten Staaten. Ich erinnerte mich nach diesem Gespräch, daß mein Einreisevisum in die USA erst einen Tag vor der Abreise angekommen war. Freunde hatten sich im State Department für mich verwandt.

Der Aufenthalt in den Vereinigten Staaten war Ende und Anfang in einem: Dabei war es wichtig für mich, daß ich die »moderne Welt« pur erlebte. Nicht in ihrer verzärtelten westeuropäischen Ausführung, sondern in ihrer ganzen kapitalistischen Wucht der Gegensätze, und daß ich mich in ihren Extremen zum ersten Mal wieder frei und selbstbestimmt fühlte. Meine »Ausflüge nach West-Berlin«, die ich zuvor gemacht hatte, konnte ich als Ausreise in ein anderes Land nicht ernst nehmen und schon gar nicht mit der Ankunft in einem anderen Weltsystem assoziieren.

Die Wucht der Gegensätze, die ich in den USA wahrnahm, die Teilung der Gesellschaft in arm und reich ohne soziales Netz, die Slums in den großen Städten, die Gewalt, die latent immer da war, wenn in New York zwei Meter neben mir geschossen wurde und eine Freundin mich am Arm zog und sagte, komm weiter, da kannst du ohnehin nichts tun. Die Selbstverständlichkeit, mit der sie das sagte, und daß sie faktisch auch noch recht hatte, all das hatte mich zutiefst beeindruckt. Die Selbstverständlichkeit, mit der die Extreme umschlugen, sobald wir auf dem Universitätscampus angekommen waren, wo wir uns plötzlich in einer schönen, heilen Welt befanden. Denn alles hier war von einer Liebenswürdigkeit und von einem intellektuellen Charme, der in mir noch heute den Wunsch wachruft, in einer der unzähligen idyllischen Universitätsstädte zu leben.

Diese Wucht der Gegensätze hat mir zwei Jahre später nach dem Anschluß der DDR an die BRD sehr geholfen, meine Nöte im gesamtdeutschen Wohlstandsstaat zu relativieren.

Daß ich zurückging aus den USA in die DDR hatte vielerlei Gründe, aber keinen politischen Grund. Oder höchstens das Bewußtsein, ich würde wieder ausreisen können. Daß ich nicht in den Vereinigten Staaten blieb, hing viel mit Emanuel und der Familie zusammen, aber auch damit, daß ich mir klar geworden war, wie schwierig es sein würde, als Schriftstellerin in den USA zu leben, einerseits der Muttersprache, andererseits der Finanzen wegen. Denn ich ahnte, nirgendwo sonst wurden kritische oder staatstreue Intellektuelle und Künstler so ernst und wichtig genommen, wie in den sozialistischen Ländern. Nichtsdestotrotz hatte ich eine Kopie von meiner Promotions-Urkunde und eine Kopie meines Diploms mitgenommen. Ein Exemplar meiner Dissertation hatten Freunde schon von Berlin aus in die Staaten gebracht. Ich ließ alles dort und fuhr zurück.

Am Grenzübergang Friedrichstraße fragte man mich nach meiner Zählkarte. Ich verstand nicht. Als ich dann verstand, wußte ich, es ging um eine rosa Karte, die tief unten in meinem Koffer lag. Sie wurde vom Zoll für statistische Zwecke und aus Sicherheitsgründen bei jeder Aus- und Einreise in die DDR ausgeteilt und mußte bei der Einreise ausgefüllt und abgegeben werden. Ich sagte, daß ich keine Zählkarte mehr hätte, woraufhin mir erklärt wurde, ohne Zählkarte könne ich nicht wieder einreisen. Ich prustete vor Lachen los. Ein Offizier kam und versuchte, die Angelegenheit zu klären. Ich erfand schnell eine Geschichte, da ich überhaupt keine Lust hatte, auf dem Bahnhof Friedrichstraße meinen Koffer auszupacken. Die Geschichte war einfach: In Miami im Hotel sei ich bestohlen worden, nicht nur mein Geld sei verschwunden, sondern auch die Zählkarte. Den Paß hatte ich Gott sei Dank im Hotelsafe deponiert. Der Offizier nahm mir das ab. Er fertigte ein Protokoll an und fragte, ob ich mich noch an den Tag erinnern könne. Ich erfand einen, unterschrieb und wußte, ich war wieder angekommen im ersten Arbeiter-und-Bauern-Staat.

Über meinen Aufenthalt in den USA bin ich von keiner DDR-Behörde je befragt worden. Als Angehörige der Nomenklatura hatte ich nun alle Narrenfreiheit, die in einer sozialistischen Diktatur möglich war.

15

Der Sozialismus ging zu Ende, ohne daß irgendwer ahnte, daß er zu Ende ging, nicht nur in der DDR. Das sozialistische Ende schien vielen ein nochmaliges Beginnen zu sein und Gorbatschow ihr Führer. Zur »zweiten russischen Revolution« hatte er im Untertitel zu seinem Buch »Perestroika« aufgerufen und damit eingestanden, daß die erste wohl oder übel schiefgegangen war.

Und für einen Augenblick sah es auch bei diesem Ende so aus, als ob es ein Anfang war, weil der Anfang vom Ende des Sozialismus zumindest in der DDR schon länger zurücklag. Hätten die sowjetischen Panzer den Volksaufstand vom 17. Juni 1953 nicht zum Stehen gebracht, wäre das sozialistische Experiment in Deutschland schon 35 Jahre früher beendet gewesen.

Wen wundert es, daß »die zweite russische Revolution« ihre Träumer vornehmlich wieder unter den Intellektuellen der DDR fand? Sie lebten getrennt genug vom »Volk« und von den Tatsachen, als daß sie hätten wahrnehmen können, daß »unsere Menschen« von der sozialistischen Askese längst genug hatten. Sie waren unterwegs, die Versprechungen auf eine bessere und lichtere Zukunft einzutauschen für Scheinwerfer, die ihnen und ihren mitunter fünfzehn Jahre alten Autos den Weg auf der Landstraße ausleuchteten. Sie waren unterwegs nach Ersatz auch für die nicht eingelösten sozialistischen Versprechungen.

Utopien blieben auch in der DDR, zuerst und zuletzt, Traumstoff für Intellektuelle. »Unsere Menschen« hatten längst ausgeträumt und waren mit dem Umbau ihrer Wünsche beschäftigt. Dafür mußten sie telefonieren, unter anderem, um zu hören, wo es Fliesen für das Bad oder Zement gab. Doch der überwiegende Teil hatte kein Telefon; die Wartezeit für einen Anschluß betrug noch immer zehn Jahre.

Daß ihre Träume andere waren, haben die Intellektuellen dem Volk, nachdem es auf die Straße gegangen war und das sozialistische Experiment friedlich zu Ende gebracht hatte, übelgenommen. Die meisten Intellektuellen waren enttäuscht, nicht von ihren grandiosen Fehleinschätzungen historischer Tatsachen und dem, was das Volk wollte, sondern von »den DDR-Bürgern«. Die Mehrheit der sozialistischen Intellektuellen fand es geschmacklos, daß den DDR-Menschen der

Sinn nach Bananen, Duschgel und Autos stand und nicht nach einer Gesamtausgabe von Nietzsche oder Trotzki.

Das Ende blieb das Ende. »Das gelobte Land« war auf sozialistischem Wege nicht erreicht worden. Und wie bei allen größeren Religionsgründungen war auch hier der Punkt längst gekommen, da den Stiftern ihre Vorstellungen zur Erlösung von allen weltlichen Übeln als Übel in einer geschlossenen Lehre gegenüberstanden.

Der Anfang im Ende – für einen Augenblick schien er noch einmal auf. Und wen wundert es, daß die im Lande gebliebenen Heldenkinder gerade an ihm sich festhalten wollten, hing doch ihr Lebensgrund in dieser sozialistischen Utopie.

Aber so unsicher und ambivalent ich bei der Bestimmung eigenen Lebensgrundes auch blieb, in der Verwirklichung sozialistischer Gemeinschaftsutopie auf Erden sah ich ihn nie. So fand ich nicht hinein in die Nachträge zur Weltrevolution durch Fortführung des sozialistischen Experiments. Ich fand nicht hinein in den Kampf der Reformer und auch nicht in den der DDR-Oppositionellen. Die einen wollten mit Gorbatschow den Sozialismus verändern, um ihn zu erhalten. Stolz nannten sie sich die sozialistischen Reformer. Die anderen, die sozialistischen Dissidenten von Biermann bis Bahro, und die Oppositionellen der achtziger Jahre wollten den Sozialismus erhalten, um ihn verändern zu können, was vom Anliegen her das gleiche war. Im Gegensatz zu den Reformern, die in den gesellschaftswissenschaftlichen Instituten hochdotierte Lebensstellen innehatten und im Zeitstrom schwammen, hatten die Oppositionellen Gefängnis riskiert und ein Maß an Zivilcourage gezeigt, das sie gegen die sozialistischen Reformer moralisch abhob. Beide verfeindeten Brüder wollten die sozialistische Gesellschaft, sie wollten sie nur wahrhaftiger und echter, als sie in Wirklichkeit bestand. Die DDR-Oppositionellen blieben zumeist Marxisten und kritisierten die Revolutionstheorie mit ihren eigenen theoretischen Mitteln. Sie blieben damit theoretisch im Marxismus, mitunter auch im Leninismus befangen. Sie wollten die Theorie den historischen Gegebenheiten anpassen, um den Bau an der imaginären Zukunft nicht länger aufzuhalten. Sie wollten den Sozialismus.

Als ich aus den USA zurückkam, wußte ich besser als zuvor, daß die größte Sache der Menschheit nicht meine Sache war, und fand noch weniger hinein in die zerstrittenen Glaubensgemeinschaften. Hatte ich mir über die Jahre noch Mühe gegeben, mich einzufinden, so gab ich mir jetzt keine mehr. Für das Große und Ganze mich aufzugeben war mir nicht gelungen. Ein Rest von mir bestand auf sich, und endlich war ich froh darüber. Sozialistische Schuldgefühle, die mein Verhalten als moralisch egoistisch bewerteten, hatte ich mir über die Jahre abtrainiert. Wenn noch emotionale Erregtheit aufkam, war es eine diffuse Restwut auf die Anforderungen der sozialistischen Bürokratie und geistloser Propaganda, die mir im Alltag begegneten. In der Therapie hatte ich gelernt, meine ohnmächtige Wut gegen die sozialistischen Umstände nicht mehr als Aggressionen gegen mich selbst zu richten. Ich hatte gelernt, die Aggressionen zu neutralisieren. Der Sozialismus war mir also dreiundzwanzig Stunden am Tage egal. In der vierundzwanzigsten Stunde versuchte ich mich zu beherrschen, um nicht herauszuplatzen. Ich konnte abschalten von ihm. Auch das war ein Resultat der Psychoanalyse, deren Verbot durch die sozialistische Orthodoxie schon ihre Berechtigung hatte, da die Therapie individuelle Mittel bereitstellt, sich dem sozialistischen Alltag zu entziehen und sich auf sich selbst zu besinnen.

Die Ohnmacht gegenüber dem, was ich lebte in den mehr als 28 Jahren DDR, zeigte aber auch ihre Langzeitwirkungen. Das Trauma der Mauer, gegen die ich nicht angekommen war, hatte mich psychisch geprägt. Die erlebte Ohnmacht hatte meinen Glauben an die eigene Möglichkeit, historisch zu handeln, gebrochen. Gegen die Übermacht, die mir als sozialistische Staatsmacht an der Mauer gegenüberstand, hatte ich keinerlei Chance. Diese Erfahrung wurde Grund für einen historischen Fatalismus, der sich in mir über die Jahre breitgemacht hatte. Je mehr ich ihn verinnerlichte, desto »reifer« wurde ich wider Willen für das sozialistische Leben. Als Individuum gesellschaftlich zu handeln kam mir nicht mehr in den Sinn. Ich hatte »eingesehen«, hatte »verstanden«, daß nichts zu machen war, daß »die Geschichte« über allem waltete. Ich hatte meine persönliche Ohnmacht gegenüber den Verhältnissen rationalisiert. Und wer, wenn nicht Hegel, bot dafür erstklassige Argumente? In seiner Geschichtsphilosophie fand ich die Gründe für meinen fatalistischen Standpunkt: Der Fortschritt im Bewußtsein der Freiheit nimmt weltgeschichtlich schon seinen Lauf. Geschichte ist der Fortschritt des Vernünftigen. Der Weltgeist läßt sich da nicht irremachen von einer geistlosen Gegenwart. Als entfremdete Stufe dieses Geistes wird es der Gegenwart nicht dauerhaft möglich werden, den Gang der Weltgeschichte aufzuhalten. Das war mein politisches Credo in all den Jahren. Es schloß ein, daß die Weltgeschichte auch ohne mich die Geschäfte des Weltgeistes richten wird.

Mit diesem so arroganten wie bequemen Standpunkt hatte ich mich voll eingepaßt in die repressive Gesellschaft. Von diesem Standpunkt konnte ich in den Gärten der Nomenklatura in Ruhe meine Kreise ziehen. Die Aktivisten, die da meinten, man könne durch eigenes Handeln historisch etwas bewirken, taten mir, wenn ich mit ihnen in Berührung kam, nur leid.

Die Distanz zwischen Emanuel und mir wuchs in dieser Zeit, wuchs von beiden Seiten. Emanuel arbeitete unermüdlich für die »Perestroika«. Er wußte, wenn das Experiment schiefginge, hing er mit seinem Leben drin. Und ich wußte, wenn ich nicht mitmachte, verlor ich ihn. Das Schweigen zwischen uns wuchs. Wir richteten uns ein in ihm und waren nach mehr als fünfzehn Jahren Ehe routiniert genug, uns nicht gegenseitig auf die Nerven zu gehen oder uns zu behindern. Also tolerierten wir die Arbeiten des anderen, aber wir interessierten uns nicht mehr für sie. Da half keine Umarmung mehr, in der wir doch früher unsere extremen Standpunkte aufzuheben vermocht hatten. Jedes Gespräch entfernte uns mehr voneinander, denn wir verletzten in ihm den Grundkonsens unserer Beziehung, über politische Differenzen nicht zu sprechen.

Mein Alleinsein in der DDR wuchs. Um es durchzustehen, kam mir die Idee umzuziehen. In der Akademie der Künste stand die Wohnung von Wieland Herzfelde zur Verfügung. Wieland Herzfelde war Literaturwissenschaftler und hatte in den zwanziger Jahren den Malik-Verlag gegründet. Als jüdischer Intellektueller war er nach 1933 emigriert und nach 1945 in die DDR gekommen. Sein Bruder John Heartfield war als Graphiker Mitbegründer der Berliner Dada-Bewegung. Nun hatte sich Wieland Herzfelde entschlossen, ins Altersheim für antifaschistische Widerstandskämpfer zu gehen.

In einer größeren Wohnung würden die Entfernungen zwischen Emanuel und mir vielleicht auszuhalten sein. Zudem war die Wohnung sehr schön gelegen und ganz in der Nähe meiner Schwiegereltern. Die Idee, daß wir um die Ecke wohnten, gefiel meiner Schwiegermutter sehr, da sie in ihrem großen Haus immer Hilfe brauchte. Außerdem konnten wir so in der Nähe die Gäste der Familie bei uns unterbringen. Meine Schwiegermutter setzte sich daher selbst dafür ein, daß Emanuel und ich unsere Vierzimmerwohnung gegen die Sechszimmerwohnung von 200 qm tauschen konnten, was der Gleichheit der Wohnverhältnisse in der DDR natürlich hohnsprach. Aber die Prominenz hatte nicht nur eigene Kontingente für Autos, Telefone und Videorecorder, sie hatte auch eigene Kontingente für Wohnungen. Ich erinnere mich, daß in der Akademie der Künste um die Wohnung gestritten wurde und daß andere prominente Kader wütend waren, daß ausgerechnet wir und nicht sie diese Wohnung bekamen, die uns letztlich über die SED-Kreisleitung des Bezirks und nicht über das Wohnungsamt zugesprochen wurde.

Ja, die Privilegien – während ich sie als Angehörige hatte und jetzt zynisch nutzte, rangen DDR-Bürger, die zu keiner Prominenz oder Nomenklatura gehörten, immer hartnäckiger um sie. Während ich mich von meinen Westreisen im DDR-Mief erholte, verfaßten Bürger Staatsratseingaben, um reisen zu können. Diejenigen unter ihnen, die die Geduld verloren, stellten Ausreiseanträge oder schlossen sich unter dem Dach der Kirche zu Oppositionsgruppen zusammen. Während ich mich in der DDR bewußt einrichtete und dazu symbolisch eine »herrschaftliche« Wohnung bezog, wurde Erich Honecker in Berlin-Marzahn laut realsozialistischer Fälschungsstatistik die dreimillionste Neubauwohnung übergeben, die nach Adam Riese nur die zweimillionste war. Diese sozialistischen Neubauwohnungen hießen im Volksmund Arbeiterschließfach, weil sie so klein waren. Während ich mit Bauarbeitern, die schwarz für viel Geld in ihrer Arbeitszeit meine Wohnung ausbauten, den Diebstahl von Thermofenstern für Küche und Bad aus dem volkseigenen Wohnungsbaukombinat organisierte, war Emanuel unermüdlich dabei, für Glasnost zu kämpfen. Ihn interessierte wenig, wo die Waschbecken und die Bodenfliesen für das Bad herkamen. Ich erzählte ihm vorsichtshalber von dem bezahlten Diebstahl nichts. Während ich mit Lack aus dem Intershop das Parkett versiegeln und neues legen ließ, wurde die sowjetische Zeitung »Sputnik« von der DDR-Postliste gestrichen, weil sie zuviel Glasnost über die Sowjetunion berichtete. Emanuel war so empört, daß er in seinem Institut ein Protestschreiben unterstützte. Es kam zu heftigen Auseinandersetzungen nicht nur in der Akademieleitung. Emanuel übte sanfte Selbstkritik, um sein Institut nicht zu gefährden, und fraß die Demütigungen »für die Sache« in sich hinein.

In Leipzig rief die »Initiative zur demokratischen Erneuerung unserer Gesellschaft« zu einer Demonstration auf. Ich hatte soweit von der DDR abgeschaltet, daß ich nicht einmal neugierig war zu hören, worum es bei der Erneuerung unserer Gesellschaft gehen sollte. Für mich war die DDR ein Ort geworden, an den ich künftig von meinen Westreisen zurückkehren wollte, um in Ruhe zu schreiben.

In dem Maße, da die Entfremdung zwischen Emanuel und mir wuchs, wuchs auch mein Bedürfnis nach finanzieller Selbständigkeit. Da mein Roman »Wenn ich kein Vogel wär« keine Druckgenehmigung bekam, beschloß ich, bei der DEFA ein Exposé zu einem Film über das Buch einzureichen, ohne zu sagen, daß ein Roman zu dem Stoffangebot existierte. Das Exposé wurde angenommen. Das war nichts Besonderes. Die DEFA verschleuderte unendlich viele Gelder für sogenannte Stoffentwicklungen, aus denen nie Filme wurden. Dem Exposé folgte ein Treatment und dann ein Szenarium. Ich verdiente plötzlich so viel Geld, daß ich mein Hausfrauendasein aufgeben und mich freiberuflich melden mußte, da mein Nebenverdienst den zugelassenen Nebenverdienst für Hausfrauen um ein Vielfaches überstieg. Meinem freiberuflichen Status folgte das Angebot der DEFA, Recherchen zum Film in West-Berlin zu machen. Ich bekam im Sommer 1988 ein Visum zur ständigen Aus- und Einreise, ohne daß ich irgendwie darauf gedrängt hatte. Es war das übliche Angebot für Künstler, das sie zur Loyalität gegenüber der DDR anhalten sollte, denn bei schlechtem Betragen wurde das Visum wieder entzogen. Dieses Visum bedeutete unter anderem, daß ich von DDR-Seite an der Staatsgrenze nicht mehr kontrolliert wurde. Und auch jetzt, nachdem ich ein »Dienstvisum« hatte, wurde ich weder von der Stasi noch von sonst jemandem über meine Aufenthalte in West-Berlin oder in Westdeutschland befragt. Allein als ich das Dienstvisum im Kulturministerium abholte, bat mich das Büro des stellvertretenden Kulturministers, ich möge mich beim Schriftstellerverband melden, damit mein Visum einen organisatorischen Träger habe. Dafür sei das Büro des Kulturministers nicht mehr zuständig, da ich nun freiberuflich arbeite. Ich meldete mich beim Schriftstellerverband mit der Bemerkung, daß der Vize-Kulturminister wünschte, daß ich mich hier meldete. Man behandelte mich zuvorkommend, mit einer Unterwürfigkeit, die ich nicht nur an Kulturfunktionären zutiefst verachtete. Mitglied des Schriftstellerverbandes der DDR wurde ich erst nach der Wende im Dezember 1989.

Ja, die Privilegien – an der Geschichte ihrer demokratischen Aufweichung könnte die Geschichte des Niederganges der DDR beschrieben werden, die auch ein Kampf um die Gleichheit der Privilegien war. Das heißt, in dem Maße, da die DDR wirtschaftlich und politisch in die Knie ging, in dem Maße versuchte die herrschende Politbürokratie über die breitere Streuung der Privilegien zu steuern, was auf Dauer nicht mehr zu steuern war. Mit der immer differenzierteren Bewilligung von Sonderrechten, das heißt Sonderfreiheiten, versuchte sie, die einzelnen Berufsstände und sozialen Schichten voneinander zu isolieren, um sie gegeneinander auszuspielen und zu disziplinieren. Zu disziplinieren, weil die Bewilligung der Privilegien ja nicht verbrieft und versiegelt war, sondern vom Wohlverhalten und Gehorsam der einzelnen abhing. Je höher und daher bedeutsamer ein Berufsstand für die politische Machterhaltung des

Staates eingestuft wurde, desto eher kam auch das Verhältnis fürstlicher Willkür und Gunst ins Spiel. So hatten beispielsweise »bedeutende Künstler und andere sozialistische Persönlichkeiten« zumeist auch ihren persönlichen Ansprechpartner im Zentralkomitee der SED oder im Politbüro. Dort konnten sie ihre Extrawünsche und Beschwerden vortragen, natürlich auch Besorgnisse über das »Große und Ganze unserer sozialistischen Republik«. Ob und wie die Wünsche bewilligt wurden, hing von der Laune, der persönlichen Sympathie des zuständigen ZK-Sekretärs oder des Politbüromitglieds für den einzelnen Künstler ab sowie vom Bildungsstand des Parteifunktionärs. Die ganze Privilegienwirtschaft war beinah nur extralegal, also Willkür. Außer für die Privilegien der »antifaschistischen Widerstandskämpfer« gab es kaum gesetzliche Fixierungen, wenn man von den Sonderrenten einzelner Berufsstände absah.

Im Gegensatz zu den Privilegien im Feudalismus, mit dem der Sozialismus oft ins Verhältnis gesetzt worden ist, war die ganze sozialistische Privilegienwirtschaft eben nicht verbrieft und versiegelt, wie das in den mittelalterlichen Verfassungen üblich war. Die sozialistischen Privilegien waren nicht ausgehandelt zwischen »Ständen, Schichten und Monarchen«, sondern von »Gottes Gnaden« und von »königlichem Willen« gegeben und täglich aufkündbar. Sie waren als Instrument politischer Herrschaft nicht nur ein Zurückgehen hinter bürgerlich-demokratische Grundrechte.

Je näher der Sozialismus an sein Ende kam, desto deutlicher wurde, daß die Privilegien im Sozialismus ein Kuhhandel zwischen politischer Macht und den Berufsständen bzw. einzelnen Personen waren. Je mehr die DDR zerfiel, desto mehr forderten ihre Bürger daher gleiche Privilegien für alle, denn der Staat war erpreßbar geworden. Je mehr die Politbürokratie mit der Bewilligung von Sonderbedürfnissen einzelner beschäftigt war, desto weniger konnte sie den gesellschaftlichen Anforderungen des Allgemeinen nachkommen. Der Staatsrat der DDR entschied über die Zuteilung von Wasserhähnen, über die Westreise der Bürgerin Helga B. zu ihrer Tante nach Bayern, anstatt sich um die desolate Wirtschaft zu kümmern. Auf den volkseigenen Schreibmaschinen schrieben die DDR-Bürger Eingaben für Eingaben in ihrer Arbeitszeit, um zu bekommen, was andere schon hatten, ein Telefon, ein Auto, eine Reise. So getrennt die Menschen in ihren Nischen, den sozial gegeneinander abgegrenzten Berufsständen und politischen Gruppierungen, sonst auch lebten, so vereint forderten sie unabhängig voneinander, was sie noch nicht hatten, ihre Sonderfreiheiten in Form von Privilegien. Getrennt, jeder für sich, erzwangen sie Zugeständnis um Zugeständnis und waren daher in gleicher Sache unterwegs und tätig, nämlich die Privilegienwirtschaft als Herrschaftsinstrument der Politbürokratie zu beseitigen. Als alle endlich das gleiche Privileg hatten, nämlich reisen zu können, brach die DDR zusammen. Die demokratische Aufweichung der Privilegien wurde somit Dreh- und Angelpunkt der Artikulation demokratisch-bürgerlicher Forderungen. Der Kampf um gleiches Recht für alle und damit um gleiche Freiheiten für alle, zu reisen, zu reden, zu schreiben und zu glauben, brachte die DDR Schritt für Schritt dem politischen Ruin näher. Die Bürgerbewegung kämpfte daher zumeist entgegen ihrem Selbstverständnis nicht so sehr für die demokratische Erneuerung des Sozialismus auf deutschem Boden, sondern de facto um die Herstellung bürgerlich-demokratischer Grundrechte, die mit der Diktatur des Proletariats nicht vereinbar waren und nie vereinbar sein werden. Die Bürgerbewegung in der DDR kämpfte um die Durchsetzung bürgerlich-demokratischer Grundrechte, die in der Bundesrepublik Deutschland nach dem Ende des zweiten Weltkrieges mit der Hilfe der Besatzungsmächte durchgesetzt worden waren. Es kann daher tatsächlich gesagt werden, daß die friedliche Revolution in der DDR die bürgerliche Revolution von 1848 auf deutschem Boden beendet hat. Dabei hatte die DDR-Regierung 1974 durch die Unterzeichnung der KSZE-Schlußakte den legalen Anfang der Bürgerrechtsbewegung und entgegen ihren Erwartungen den legalen Anfang vom Ende ihres eigenen politischen Niederganges unterschrieben.

Während die Bürgerbewegung die friedliche Revolution organisierte, war ich mit dem Ausbau der neuen Wohnung beschäftigt. Während ich die Handwerker koordinierte und mit täglich selbstgekochtem Mittagessen bei Laune hielt, war Emanuel Tag und Nacht mit dem Umbau des sozialistischen Hauses, der »Perestroika«, beschäftigt. Er interessierte sich für meine umfangreichen Baumaßnahmen nur mäßig. Ich interessierte mich für seinen sozialistischen Umbau nur mäßig. Da ich ihn mit dem Ausbau nicht weiter behelligte und er mich nicht mit dem sozialistischen Umbau, bezogen wir im Juli 1989 friedlich die neue Wohnung. Wir waren beide vom Aus- bzw. Umbau an anderer Sache etwas mitgenommen, und so schaffte ich es, Emanuel zu überreden, die politische Erneuerung und Glasnost für zwei, drei Wochen wegen Urlaub zu unterbrechen, um sich daran zu erfreuen, daß wir den Umzug mit 250 numerierten Bücherkisten bewältigt hatten, zumal die Statik des 1912 erbauten Hauses nicht versagt hatte, nachdem die Möbelträger etwa die Hälfte der Bücherkisten in der Mitte der 40 Quadratmeter großen Diele bis unter die Decke hoch gestapelt hatten.

Es war ein hochherrschaftliches Haus, in dem wir mit Blumen begrüßt wurden. Künstler, Ärzte und Professoren waren seine Mieter. Da das Haus von der Wohnungsbaugesellschaft nie ordentlich instand gehalten worden war, gab es ständig Pannen mit der Elektrik und mit dem Wasser. Als eines Nachts wieder einmal solch eine Panne offensichtlich wurde, weckten uns die Hausbewohner. Im Schlafrock den Mitbewohnern gleich, suchte die sozialistische Hausgemeinschaft zwischen Keller und Dachboden nach dem Übel und vergaß nicht, sich schlaftrunken mit Frau Doktor und Herr Professor anzusprechen und dabei aufzupassen, im dunklen Flur nicht über die eigenen Pantoffeln zu fallen.

Unsere Routine als Ehepaar ließ trotz immer größer werdender Entfremdung einen freundlichen Umgang miteinander zu. So fuhren wir im September 1989 in ein Akademieheim für Führungskader. Emanuel gefiel letztlich die Idee, am 40. Jahrestag der DDR nicht in Berlin zu sein. Als begeisterter Sympathisant von Gorbatschow kam er mit der Politik des Sozialismus in den Farben der DDR immer mehr in Widerspruch und war zufrieden bei der Idee, an der Jubelfeier zum 40. Jahrestag der DDR nicht teilnehmen zu müssen.

Während also nach der Öffnung der ungarischen Grenze zu Österreich mehr als 50 000 DDR-Bürger über Budapest auf dem Weg in die Bundesrepublik waren, waren wir auf dem Weg in die Mark Brandenburg, um uns von »Perestroika«, dem gesellschaftlichen Umbau, und meinem Wohnungsbau zu erholen. Während sich die Bürgerbewegungen wie »Demokratie jetzt« und »Demokratischer Aufbruch« gründeten, begann ich in der Märkischen Schweiz an einem neuen Roman zu schreiben. Um eine Schreibmaschine auf meinem Zimmer hatte ich noch von Berlin aus gebeten.

Zumindest mit der Ausblendung der Oppositions- und Bürgerbewegung befand ich mich, wie ich nachträglich feststellen konnte, in guter Gesellschaft. Denn nicht nur die DDR wollte keine Veränderungen in Deutschland. Auch die Bundesrepublik hatte keinerlei Interesse an der realen politischen Veränderung oder gar an der Wiedervereinigung. Das Establishment in beiden deutschen Staaten hatte sich im Status quo gut eingerichtet und war stolz auf den gepflegten und freundlichen Umgang miteinander. Die Büffets nicht nur auf den akademischen Empfängen wurden auch im wörtlichen Sinne geschmackvoller und zeugten von größerer Weltläufigkeit auf DDR-Seite. Die SPD war auf dem Höhepunkt ihrer Entspannungspolitik und genoß ihre diplomatischen Erfolge, mit dem ersten deutschen Arbeiter-und-Bauern-Staat in lockerem Gespräch zu sein. Diesen Erfolg wollte sie sich auch von den Oppositionsgruppen nicht kaputtmachen lassen. Die CDU rollte vor Honecker den roten Teppich aus. Dem Establishment in Ost und West ging es gut. Es genoß die Früchte seiner jahrelangen Bemühungen um Gespräche in entspannter Atmosphäre, die es sich nicht ernstlich von diesen Oppositionsgruppen und Demokratiebewegten zerreden lassen wollte. Beide Seiten lebten von Überziehungskrediten, wenn auch noch auf unterschiedlichen Konten. Die DDR überzog die Geldkonten, die BRD die Politkonten. Dabei war die Bundesrepublik bestrebt, den Schlimmstfall, nämlich den Zusammenbruch der DDR, zu verhindern.

Während 70 000 Menschen in Leipzig demonstrierten, sammelte ich Pilze und fädelte sie auf Garn zum Trocknen. Während am Abend des 7. Oktobers 1989 vor dem Palast der Republik eine Laserschau die Politgreise erfreute und Händels Feuerwerksmusik aus dem Farbfernseher des Akademieheims tönte, war ich mit der Auswahl des Mittagsmenüs für den nächsten Tag beschäftigt. Es gab Pfifferlinge und Rindersteak, die wir nicht mehr aßen, denn Emanuel telefonierte schon wieder nach Berlin und befand, er müsse zurück. Murren meinerseits hätte keinen Sinn gehabt. Wortlos packte ich unsere Sachen zusammen. Am nächsten Morgen fuhren wir zur Revolution, die schon voll im Gange war.

Ich war in den 28 Jahren DDR derart immunisiert gegen politische Bewegungen, daß ich es weitgehend schaffte, von allem Tagesgeschehen abzuschalten. Ich war so stumpf geworden gegen politische Aktionen, daß ich auch zunächst kein Gefühl dafür hatte, daß hier mehr in Bewegung geraten war, als bis dahin in der DDR politisch je geschehen war. Ich schaffte es, mich in den neuen Roman hineinzuschreiben. Und auf versponnene Weise hing er mit dem Untergang der DDR zusammen. Denn Esthers Weggang aus der realsozialistischen DDR hatte mich mehr getroffen, als ich mir zunächst eingestehen wollte. Ich war traurig und wütend zugleich, daß die Sängerin der Revolution gegangen war. Verwaist klang ihr »Lied vom kleinen Trompeter« und »Es brennt Brüder, es brennt«. Ihre Lieder kamen unvermutet in mir auf, wenn sie anrief aus Amerika, um zu hören, was hier los sei und wie es mir dort ginge. Dabei hatte ich ihr doch zugeredet zu gehen. Aber gerade sie hätte nicht gehen dürfen, sie nicht. Das war der Stoff für einen Roman. »Die Kinder der roten Aristokratie« war sein Arbeitstitel.

Den ersten Schritt vor die politische Tür setzte ich am 4. November zu der Berliner Demonstration, die von Künstlern und vom »Neuen Forum« organisiert worden war. Es war mehr als zehn Jahre her, daß ich zu einer Demonstration gegangen war. Nicht daß ich begriff, was historisch passierte, aber daß sich diese Demonstration wohltuend von denen, an die ich mich erinnerte, unterschied, registrierte ich zumindest.

Aus meinem politischen Tiefschlaf erwachte ich erst durch den Fall der Mauer am 9. November. Ich hatte gerade an diesem Tag eine Freundin aus West-Berlin zu Besuch. Gegen dreiundzwanzig Uhr brachte ich sie zur Straßenbahn Richtung Friedrichstraße, Grenzübergang, damit sie, wie vorgeschrieben, vor null Uhr ausgereist war aus dem »Neuen Deutschland«. Eher aus Gewohnheit als aus Neugierde schaltete ich den Fernseher ein, um zu hören, was die Spätnachrichten der ARD oder des ZDF meldeten. Auf allen Sendern waren die gleichen Bilder. Ich rief die Westberliner Freundin an. Sie hatte nichts gemerkt am Grenzübergang Friedrichstraße, nur daß die U-Bahn voller war. Ihr sechzehn Jahre alter Sohn aber hatte ihr erzählt, daß etwas los sei, und war gerade mit seinen Graffitidosen losgezogen. Er wollte Berufssprayer werden und ließ keine Gelegenheit aus, seine Ansichten zur politischen Weltlage an die Wände zu sprühen.

Ich saß gebannt vor dem Fernseher, irgendwann kam Emanuel dazu. Aus sehr unterschiedlichen Beweggründen kam nicht gerade Freude über die Nachricht unter uns auf. Emanuel wiederholte mehrmals den Satz: »Solch einen politischen

Schwachsinn, die Mauer aufzumachen, kann man sich doch nicht ausdenken!« Ich weiß nicht, wie lange ich vor dem Fernseher hockte, bevor ich das Testbild vom Ersten Deutschen Fernsehen abschaltete. Irgendwann fing ich an, bitterlich zu weinen. Ich wußte mit seltener Klarheit, ab jetzt waren die Tage der DDR gezählt, denn ohne Mauer wäre die DDR schon vor 28 Jahren kaputtgegangen. Ich begriff, mein Leben in den Gärten der Nomenklatura war zu Ende. Eine unbeschreibliche Wut überkam mich, denn gerade war ich dabeigewesen, mich mit mir selbst in der DDR häuslich einzurichten. Gerade hatte ich aufgehört, mit Gott und der Welt zu hadern. Ich hatte mich nach 28 Jahren DDR endlich schreibend in den Irrsinn hineingefunden und wollte alles tun, um bei mir zu bleiben. Der Gedanke, daß die Mauer mit mir schon wieder Schicksal spielte, erboste mich zutiefst. Ich würde nicht die Energie haben, zum drittenmal mein Leben neu zu beginnen. Ich hatte an die zwanzig Jahre gebraucht, um das, was zu mir gehörte, aber in diesem Land nicht zu leben war, einzufrieren. Zunächst scheibchenweise, dann portionsweise hatte ich Teil um Teil von mir abgepackt und in den Gefrierschrank gelegt. Ich würde nicht die Kraft finden, das tiefgefrorene Paket aufzutauen und wieder anzunehmen. Die Frostschäden waren nicht reversibel. Die Tode, die ich gestorben war, bevor ich mich hineingefunden hatte in das Leben hinter der Mauer, waren ehrlich. Zu vieles hatte ich umgebracht in mir. Denn darauf wollte ich bestehen, Hand wollte allein ich an mich legen. Das hatte ich mir damals geschworen bei den blauen Sauerstoffflaschen, die neben meinem Bett standen, nachdem ich zum drittenmal auf der Intensivstation aufwachte und ein Arzt mir die schwachsinnige Frage stellte, ob ich mich nicht schämte, mich umbringen zu wollen. Ich hätte kein Recht, so etwas zu tun, angesichts des wirklichen Elends in dieser Welt. Erst nach diesem Schwur stand ich auf und begann, die Vernünftige zu spielen. Zu diesem vernünftigen Spiel gehörte meine Selbstversicherung, die in einer Überdosis Phenobarbital bestand, auf deren Verfallsdatum ich achtgab. Je vernünftiger ich wurde, desto leichter war es, das Gift zu bekommen. Zu diesem vernünftigen Spiel gehörte auch, daß ich den Vierkantschlüssel, den ich zu Beginn meiner Jahre hinter der Mauer in der Psychiatrie gestohlen hatte, durch die 28 Jahre DDR schleppte, denn nie wieder wollte ich ohne mein Einverständnis in einer psychiatrischen Anstalt landen. In der untersten Schublade jedes Schreibtisches hatte der Schlüssel zusammen mit Spritzen, die ich in der Charité gestohlen hatte, einen Platz. An jenem Morgen des 10. November vergewisserte ich mich, ob der Schlüssel auch wirklich da lag. Zum ersten Mal sah ich ihn wieder mit persönlichem Interesse an.

Hoffentlich drehe ich nicht noch einmal durch, war der Gedanke, der sich festsetzte, bevor ich versuchte, weiterhin die Vernünftige zu spielen, und die Tageszeitung aus dem Briefkasten holte, denn schlafen hätte ich ohnehin nicht gekonnt.

16

Nachdem ich mich von meinem ersten Schock über den Mauerfall und meinem Selbstmitleid erholt hatte, wurde ich in den Wochen, die kamen, hellwach. Mit Emanuel über die Konsequenzen der offenen Grenzen zu sprechen, hatte ich keine Chance. Zu lange hatte ich die Rolle des politischen Dummchens gespielt, das zu keinem Urteil fähig war. Warum sollte er mir ausgerechnet jetzt glauben? Meine zaghaften Versuche, ihm zu sagen, der Sozialismus ginge hier und jetzt zu Ende, führten zu endlos unproduktiven Auseinandersetzungen. Als im Januar 1990 die ersten freien Wahlen zur Volkskammer von Mai auf den März vorverlegt wurden, versuchte ich, Emanuel sacht darauf hinzuweisen, daß er außer für das »Große und Ganze« vielleicht auch etwas für sich tun müsse, denn selbst die Weltrevolution mache gelegentlich Hunger. Er war außer sich über meinen Egoismus in solch einer Zeit, die alles fordere, auch mich. Das stimmte, seit Jahren zum ersten Mal.

In eben jenem Januar bekam ich anonyme Anrufe: »Judensau, Judenfrau, Juden raus«. Immer der gleiche Spruch, aber von unterschiedlichen Stimmen. Wir schalteten die Polizei ein. Es wurde eine Fangschaltung eingerichtet, ohne Erfolg. Man schmiß Dreck und leere Flaschen vor unsere Wohnungstür. Ich fühlte mich bedroht von dem Volkszorn, der sicherlich auch mit der Wohnung zusammenhing. Ich hatte gehört, daß es unter den Bewohnern der Straße Proteste gab wegen der Wohnungsvergabe an uns, die wir gegen alle in der DDR geltenden Verordnungen bekommen hatten. Emanuel sprach von Mob, der in solchen Zeiten immer hochkomme, und bestand darauf, daß ich nicht allein bliebe in der Wohnung. Als er verreisen mußte, entschieden wir, daß ein Freund bei mir wohnen sollte. Er würde mich vor dem »gesunden Volkszorn« beschützen können. Nach etwa zwei Monaten hörten diese Belästigungen auf. Es war der Anfang eines Lernprozesses, was es bedeutete, zum DDR-Establishment gehört zu haben.

Inzwischen liefen die Verhandlungen um die Vereinigung auf Hochtouren. Die Wahlen wurden ein triumphaler Erfolg für die CDU und trieben den Einheitstaumel um die DM voran. Die Spekulationen über die Konditionen des Währungsumtauschs 1:2 oder 1:1 hielten die Geldhändler an, in den Besitz von Ostgeld zu gelangen. Der Ausverkauf der DDR auf dem Binnenmarkt kam in

Schwung. Was die Außenhändler unter der Regie von Schalck-Golodkowski in Absprache mit der Staatssicherheit schon jahrelang getan hatten, konnten nun endlich die DDR-Bürger unter der Übergangsregierung von Lothar de Maizière auch.

Trotz allen Staunens über das historische Geschehen hatte ich einige Distanz zu dem demokratischen Taumel der Wiedervereinigung. Sie kam auch aus der Erfahrung, die ich in der Zeit vor dem Mauerbau in West-Berlin gemacht hatte, ich wußte, das Leben in der freien Welt kostete Geld. An diese Tatsache wurde ich bereits auf meinen Westreisen wieder erinnert. Ich entsann mich an Freunde meiner Großmutter, fuhr nach Frankfurt am Main und München. Ich fragte sie, was ich nun machen sollte, um als Schriftstellerin in der Bundesrepublik zu existieren, nachdem ich mindestens zwanzig Jahre zu spät wieder eine Westdeutsche werden müßte. Sie rieten mir zu einer Literaturagentur und zu einem guten Steuerberater. Eine Steuerberaterin war schnell gefunden. Eine Freundin aus der Westberliner Kinderzeit hatte, nachdem sie die Musik als Beruf aufgegeben hatte, einen Steuerberater geheiratet. Gemeinsam unterhielten sie in West-Berlin ein gutgehendes Steuerbüro. Von der Musik war ihr geblieben, daß sie vornehmlich die Berliner Philharmoniker in ihren Steuerangelegenheiten betreute. Sie versprach, alles zu tun, sobald es der Einigungsvertrag zuließe. Später gehörte die ganze Familie zu ihrer Kundschaft.

Für die Literaturagentin gaben mir die Freunde meiner Großmutter einen Empfehlungsbrief, der mich in die Schweiz führte. Zu Hause hatte ich von den je 100 DM, die jeder DDR-Bürger als Begrüßungsgeld von der freien Welt bekam, eine Anrufmaschine gekauft. Mit einem Monteur vom Fernmeldeamt der DDR hatte ich sie schwarz installieren lassen, und zwar schwarz nach Ost und schwarz nach West hin, denn von der Deutschen Bundespost war das Billiggerät der Marke »Panasonic« nicht zugelassen, und in der »Noch-DDR« war es verboten, einen Anrufbeantworter anzuschließen. Für ein hohes Entgelt machte der Monteur der Deutschen Post den Anschluß möglich. Über Fernabfrage konnte ich nun erfahren, was zu Hause die Geschäfte meines freiberuflichen Seins machten. Ich fuhr also in die Schweiz. Ich stellte mich der Agentin vor. Es war Liebe auf den ersten Blick. Wir wurden in den Jahren, die kamen, gute Freunde. Sie versprach, sich zu kümmern, und kümmerte sich.

Mir eine Literaturagentin zu suchen war meine erste selbstbestimmte Handlung nach der Maueröffnung. Sie tat mir gut. Ich wußte, ein Leben als freie Schriftstellerin im vereinten Deutschland war eigentlich nicht zu leben. Ich mußte es trotzdem probieren, denn das Schreiben war inzwischen meine Art zu leben geworden, es war meine Weise, mit der Welt in Verbindung zu treten. Am Schreiben hingen daher inzwischen mein Sinn und mein Leben. Ich hatte also keine andere Chance, als es zu versuchen. Ich wußte, die Kraft, tagsüber einer Gelegenheitsarbeit nachzugehen und nebenbei zu schreiben, hatte ich nicht. Die Frage, die in allen anderen Fragen der nächsten Jahre mitschwang, war daher: Wie kann ich mir die Bedingungen schaffen, als Schriftstellerin zu existieren?

Inzwischen hatte das Kulturministerium meinem Buch »Wenn ich kein Vogel wär« die Druckgenehmigung gegeben, und zwar ohne Änderungswünsche. Der Verlagsleiter meinte zynischerweise, er brauchte erst das historische Erlebnis des Mauerfalls, um den Roman zu verstehen, der die »Geschichte einer Kindheit im gespaltenen Berlin« erzählte. Das Buch bekam im Einheitstaumel eine politische Bedeutung, die es zum Haupttitel des Verlages auf der Frankfurter Buchmesse hochpuschte. Das gleiche passierte mit dem Film zum Buch, in dessen Produktion sich gleich zwei westdeutsche Filmgesellschaften hineinkauften. Er wurde als der letzte Spielfilm der DEFA 1990/91 produziert.

Ich hatte durch die Verträge für den Film zum Buch plötzlich eine Menge Geld. Ich bekam das Geld für den gesamten Film, einschließlich der noch ausstehenden Raten für die noch nicht gedrehte Produktion vor dem 1. Juli 1990, also in Ostmark. Ich wußte nicht, was ich mit dem Geld tun sollte. Vor den Interhotels standen die Händler, die Ostmark kauften, um die nach der Währungsunion 1:1 in Westmark anzulegen. Da mit Emanuel über praktische Dinge nicht zu reden war, fragte ich meinen Schwiegervater, der in Sachen Geld und Währungen und Weltwirtschaft einige Erfahrungen hatte und auch das Gesellschaftssystem nicht zum erstenmal wechselte. Er riet mir, unser Geld so auf die Konten zu verteilen, daß beide Konten nicht zu hoch seien, nach der Währungsunion die Gelder gegebenenfalls zu splitten und Gold zu kaufen. Auch für seinen praktischen Sinn bei aller Neigung zur Theorie liebte ich ihn.

Es war eine eigenwillige Stimmung im Land. Der Schwarzhandel mit Autos, Farbfernsehern und Videorecordern blühte. Man spürte von Woche zu Woche, wie die DDR aus den Fugen geriet. Die Unsicherheit und Angst vor dem Kommenden trieben groteske und traurige Blüten. So riet mir eine Frau aus der Straße, ich solle mir vor der Währungsunion schnell alle Zähne ziehen lassen, um noch zu DDR-Konditionen ein Gebiß zu bekommen. Sie war Unterstufenlehrerin und hatte genau das gerade getan. Sie war stolz auf ihre Weitsicht. Sie glaubte, daß das Gesundheitswesen der DDR das beste der Welt sei.

Es waren Monate der Hamsterkäufe. Auch ich kaufte in jenen Wochen allerhand Zeug, von guten Wollstoffen angefangen, die noch heute in der Truhe liegen, weil ich kein Geld für die Schneiderin habe, über Schuhe, die ich nie trug, weil sie nicht bequem genug und im vereinten Deutschland schon nicht mehr modern waren. Ich kaufte Unmengen von Vitaminen, nicht ahnend, daß frisches Obst und Gemüse sie überflüssig machten. Mein sommerlicher Superkauf im Jahre 1990 war ein Eimer voller Ohropax aus der Apotheke, in der weisen Voraussicht, daß es in den nächsten Jahren laut werden könnte. Meine Erfahrungen aus den USA, daß ich auf die meisten Sorten von Geräuschdämpfern mit Entzündung der Ohren reagierte, war ein hinreichender Grund, nicht genug von diesen kleinen rosa Kugeln bekommen zu können. Mit jenem klebrigen Ohropax aus dem »VEB Ankerwerk Rudolstadt« verstöpsele ich mir noch heute nachts die Ohren.

Aber es war nicht nur die Zeit des Schlußverkaufs der DDR, es war auch schon die Zeit des Einkaufs. Der ostdeutsche Markt wurde von Bananen und Apfelsinen überschwemmt und auch von unbekanntem Obst wie Kiwis und Mangos oder Gemüse wie Auberginen und Zucchini, von dem auch ich nicht recht wußte, wie es zuzubereiten war. Verdauungsstörungen in Sachen Obst und Gemüse wurden eine Übergangskrankheit vieler

DDR-Bürger. Der Kauf von Kohletabletten stand nicht nur bei mir hoch im Kurs. Unter der Hand bot mir der Apotheker eine Riesenmenge zum Sonderpreis. Nachdem ihr Verfallsdatum lange überschritten war, habe ich die Tabletten mit anderen Medikamenten aus der DDR-Zeit über dieselbe Apotheke vor zwei Jahren entsorgen lassen. Der Apotheker hatte sich nach der Vereinigung selbständig gemacht.

Inzwischen wurde ich politisch munter. Ich ging zum Schriftstellerverband und mischte mich in die Diskussion um die Aufgaben eines Verbandes, der nach meiner Meinung zuallererst ein Berufsverband sein sollte und keine Lobby für Propagandisten und Ideologen. Mit anderen Schriftstellern gemeinsam versuchten wir mit einigem Erfolg, gegen Auftragsschriftsteller und Kulturbonzen der DDR anzugehen. Es wurden Kommissionen für die Vorbereitung neuer Verbandswahlen gegründet. Ehe ich recht Luft geholt hatte, war ich in einer Wahlkommission. Da ich das Fach Demagogie länger studiert hatte als die meisten Schriftsteller, mischte ich mich in die Diskussion mit den Verbandsfunktionären, von denen der überwiegende Teil später als Stasispitzel enttarnt wurde. Vor die Entscheidung gestellt, für die anstehenden Wahlen des Berliner Vorstandes zu kandidieren, lehnte ich ab. Ich fühlte mich nicht kräftig genug für die immense Arbeit, die da auf mich zugekommen wäre. Aber ich blieb vorerst aktiv im Verband.

Die Arbeit an dem neuen Roman stockte. Ich las wie gebannt Bücher von Wolfgang Leonhard, Arthur Koestler und Manès Sperber. Ich verstand, daß andere längst wußten, was ich in den Monaten nach der Wende entdeckte: die reale Geschichte des Kommunismus im Sowjetstaat, die Moskauer Prozesse. Ich las »Sonnenfinsternis«, den Roman von Koestler, mehrmals. Ich studierte die Logik der Geständnisse, die Logik der Opferbereitschaft, die Logik der freiwilligen Unterwerfung des individuellen Willens unter den Willen der Partei, denn nur ein von persönlichem Willen freier Genosse war letztlich ein guter Genosse. Und ein guter Genosse glaubt an die Partei, im Glauben ist er der Partei ganz und gar ergeben. Er glaubt, bevor er mit Vernunft zu begründen sucht, was mit Vernunft nicht zu begründen war und ist. »Denn ein Glaube kann nicht durch sachliche Überlegungen erworben werden«, las ich bei Koestler auch. »Die Vernunft mag einen Glaubensakt begründen, aber erst nachdem er vollzogen ist ... ein Glaube wächst wie ein Baum, er reift in Bereichen, in die keine Logik einzudringen vermag.« Auf einmal war ich froh, daß mir ein Glaube an die sozialistische Sache nicht gelungen war, aber auch ein wenig melancholisch, weil mir überhaupt kein Glaube gelungen, ich daher gottlos geblieben war und alles, was ich tat oder nicht tat, aus mir selbst zu begründen hatte.

Mein Versteckspiel hatte also Folgen. Das begriff ich sehr bald nach dem Mauerfall. Ich kam aus dem Mustopf. Worüber ich in meinen vier Wänden sinnierte, war längst durchdacht und lag in mehr als dreißig Sprachen als Meisterwerke vor. Ich las wie eine Süchtige und registrierte erst nach und nach, daß all diese Bücher sich in der Bibliothek meines Schwiegervaters befanden. Ich fragte ihn, warum er bzw. Emanuel nie davon gesprochen hatten. »Weil du politisch von einer zauberhaften Unreife warst und noch immer bist, Kindchen«, sagte er und küßte mich auf die Stirn. Ihm konnte ich nicht böse sein, aber Emanuel machte ich heftige Szenen und überschüttete ihn mit unsinnigen Vorwürfen. Schließlich hatte er nichts anderes getan, als ich auch getan hatte in den mehr als fünfzehn Jahren unserer Ehe. Er hatte sich an unsere ausgesprochene Vereinbarung gehalten, über Politik nicht zu diskutieren.

Aber die Bedingungen waren andere geworden. Der Grund für meine politische Verweigerung existierte nicht mehr. Ich war nicht mehr zwangseingesperrt. Meine Abwehr gegenüber der heiligen Einfalt politischer Propaganda hatte ihren Grund verloren. Das sozialistische Agitproptheater mit seinem Dauerprogramm, das mir klarmachen wollte, was für ein Glück es für mich war, eingesperrt hinter der Mauer leben zu dürfen, hatte seinen Spielplan wegen Bankrott eingestellt. Mein Gegenprogramm der politischen Abstinenz konnte ich daher auch einstellen. Nun hatte ich einen Hunger nach politischen Informationen, der nicht zu stillen war. Ich las wie gebannt Hannah Arendts »Elemente und Ursprünge totaler Herrschaft« und buchstabierte ihr Kapitel »Ideologie und Terror: Eine neue Staatsform«, denn darin standen ganz wesentliche Sätze über den geistigen Ort, an dem ich gelebt hatte, mehr als zwanzig Jahre. Dort standen Einsichten über den historischen Fatalismus, den ich mir zu eigen gemacht hatte, nicht ahnend, daß mein Verhalten nicht im geringsten originell war, sondern der ganz normale Verlauf einer Pathologie des gewaltsamen Eingesperrtseins. Ich war drauf und dran, die Welt um mich herum für das Studium der Texte von Hannah Arendt wieder zu vergessen.

Ich taumelte zwischen Lektüre und Realgeschehen. Inzwischen war nicht nur die Währungsunion gekommen, sondern auch die Einheit. Ich war zum ersten Mal auf einer Buchmesse und in Frankfurt am Main, wo zum Tag der Deutschen Einheit mein Roman »Wenn ich kein Vogel wär« erschien. Mit Freunden, die nun nicht mehr meine Westfreunde waren, sondern eben Freunde, saß ich in einem griechischen Restaurant nahe der Paulskirche bei Oliven und Rotwein. Als die Glocken in der Stadt läuteten und blaue und grüne Raketen aufstiegen, war mir schon etwas beklommen. Ich mußte aufpassen, nicht sentimental zu werden.

Was dann kam, kam so schnell, ich hatte Mühe zu verstehen. Zwischen Benommenheit und Hilflossein hörte ich, wie die Zeit wegbrach, eine in die andere. Ich hörte, wie sie ihr Maß aufgab, weil ihre Strukturen zerbrachen. Ich war gespannt in einen Rhythmus, der von Bruch zu Bruch sein Tempo beschleunigte. Die Zeit davor und die Zeit danach, in einer Gegenwart, von der ich nicht verstand, daß sie nur im Verschwinden war. Da war ein Vakuum und zugleich ein Überdruck. Ich hing in der Luft. Da schien kein Boden mehr, ich wußte nicht, wie und wo aufzutreten war. Wie sollte ich Balance halten? Während ich konzentriert nach Ausgleichsbewegungen suchte, um nicht kopfüber zu fallen, fragten mich westdeutsche Feministinnen, wie ich mich als Frau fühlte. »Mies«, antwortete ich, denn erstens war der Geliebte nach Chile ausgereist, zweitens kriselte die Ehe heftig, und drittens fehlte mir mein Mehl. Das Westmehl klüterte, es war zu dick oder zu dünn in seiner Konsistenz. Ich bekam keine Soße mehr hin.

Ich verstand nicht, wurde zu einem Zustand. Ich versuchte ihn aufzuschreiben und begann meinen Roman »Über die Kinder der roten Aristokratie«

zu schreiben. Ich wußte in der Zwischenzeit, daß auch ich zu ihnen gehörte, ob es mir paßte oder nicht. Während des Schreibens war mir mein Salz ausgegangen. Ich hatte zu lernen, daß Salz nicht gleich Salz ist, und kaufte einen Salzstreuer nach dem anderen. Seine Löcher wurden immer kleiner. Lieber weniger, schließlich kann man ja nachsalzen, war eine meiner ersten praktischen Einsichten in die Wahlmöglichkeiten der neuen Zeit.

Und während ich immer deutlicher hörte, wie Zeit in Zeit stürzte, stellte sich ganz unverhohlen die Frage, wovon ich leben sollte. Emanuel trieb zwischen Gedanken um die stockende Weltrevolution und dem Kampf für den Erhalt seines Akademie-Institutes. Er glaubte bis zum Schluß nicht, daß sein Institut abgewickelt werden würde. Ihm solch eine abgeschmackte Frage wie die nach der Finanzierung des Lebens zu stellen war zwecklos.

Und in der Tat, diese Frage kam mir selbst banal vor. Ich hatte sie mir seit meiner Ankunft in der DDR nie wieder gestellt. Aber jetzt stand sie in aufdringlicher Weise vor mir. Ich erinnerte mich, daß ich in den ersten Jahren nach dem Mauerbau vornehmlich von Diebstahl gelebt hatte. Damit wieder zu beginnen, schien mir zu riskant. Ich kannte mich nicht aus in den zahllosen Varianten elektronischer Diebstahlsicherungen. Außerdem schien mir mein Reaktionsvermögen nicht mehr, was es vor 28 Jahren einmal gewesen war. Ich hatte zu viele Beruhigungstabletten geschluckt, um mein sozialistisches Glück auszuhalten. Ich schluckte sie immer noch und litt ohnehin im Alltag unter Konzentrationsmangel, eine der Nebenerscheinungen all dieser Mittel. Ich nahm mir daher fest vor, mit dem Diebstahl gar nicht erst wieder anzufangen. Nur ein einziges Top in einer teuren Boutique habe ich gestohlen. Es war so einfach, daß ich mir schwor, es nicht wieder zu tun, und bisher habe ich mich auch daran gehalten.

Also, wovon sollte ich leben? In der DDR war das Leben beinahe gratis gewesen. Das heißt, Essen, Wohnen und Kleiden kosteten beinahe nichts. Mit 400 Ostmark konnte man hinkommen, nicht gut, nicht raffiniert, aber man wurde satt; man hatte eine Wohnung, nicht gut, aber man lag nicht auf der Straße, und man hatte Kleidung, um sich anzuziehen, nicht modern, aber warm und mitunter auch zweckmäßig. Ohne »Delikat- und Exquisitläden«, auch ohne Intershops konnte man existieren in der DDR. Diese Erfahrung, daß die physische Reproduktion des Lebens in der DDR beinahe nichts kostete, war eine der Grunderfahrungen meiner Zeit in der DDR. Sie hatte mich sehr beeindruckt in den ersten Jahren.

Daß das Leben in der DDR nichts kostete, wird heute von vielen ehemaligen DDR-Bürgern als die große Überlegenheit der DDR angesehen. »Geld spielte bei uns keine Rolle. Das ist unser Kapital, das wir einbringen könnten in die deutsche Einheit.« Dabei wird übersehen, daß die DDR letztlich genau daran zugrunde gegangen ist. Daß das Leben in der DDR nichts kostete, stimmte so auch nicht. Das Leben kostete sehr wohl. Und nicht erst Schalck-Golodkowski kümmerte sich im Auftrag des Staates um Westgeld, das die meisten DDR-Bürger nur aus dem Ersten und Zweiten Deutschen Fernsehen kannten. Hätte der Sozialismus isoliert vom Weltmarkt bestehen können, hätte es vielleicht länger gedauert, bis er an wirtschaftlicher Ineffizienz zusammengebrochen wäre. Per Parteibeschluß konnte zwar innerhalb des real existierenden Sozialismus das Wertgesetz außer Kraft gesetzt werden und per Parteibeschluß von Zeit zu Zeit wieder eingeführt werden, aber der Weltmarkt hörte nicht auf Parteibeschlüsse.

Die nostalgische Erinnerung, daß Geld keine Rolle spielte in der DDR, stimmte im wirklichen Leben der DDR nicht. Es kann sein, daß viele DDR-Bürger, wie ich, Ostgeld als Geld nicht ernst nahmen, Forumschecks für die Intershops als Spielgeld abtaten und als eigentliches Geld eben Westgeld ansahen, an das sie nicht herankamen. Insofern spielte Geld tatsächlich keine Rolle, auch nicht für Schalck-Golodkowski, denn er kümmerte sich um Devisen, und der Staat, der kümmerte sich um zinslose Überziehungskredite aus der Bundesrepublik, er kümmerte sich um die Tagessätze von Mauertouristen und um den Verkauf von politischen Gefangenen nach Westdeutschland, eine der fragwürdigsten humanitären »Leistungen« in der deutsch-deutschen Nachkriegsgeschichte.

Daß Geld keine Rolle spielte in der DDR, scheint mir, von heute aus gesehen, doch eher eine der Selbsttäuschungen zu sein, die auch außer acht läßt, daß Privilegien in der DDR Geld waren. Das galt insbesondere in einem auf Privilegien und persönlichen Abhängigkeitsverhältnissen beruhenden gesellschaftlichen System, das in sich nach Privilegien hierarchisch strukturiert war.

Aber viel wichtiger scheint mir die Tatsache, daß zehn Jahre nach dem Niedergang der DDR von einigen ihrer Intellektuellen noch immer nicht konstatiert wird, daß die DDR-Bürger bei ihrer ersten freien Wahl über die »Allianz für Deutschland« die D-Mark als Zahlungsmittel wählten, eben weil die D-Mark Geld ist, wofür sie auch etwas kaufen konnten. Und eben für Geld, das etwas wert ist, ließen die DDR-Bürger 1989 die Vorschläge zur Weltverbesserung im Regen stehen. Sie ignorierten den zweiten, dritten und den vierten Weg für eine bessere Zukunft und nahmen das historische Tagesangebot wahr, die heißersehnte Deutsche Mark. Natürlich zeigten sich viele Intellektuelle enttäuscht vom Volk. In den großen deutschen Nachrichtenmagazinen bekamen sie Gelegenheit, ihr Mißfallen über das DDR-Volk kundzutun, das sich für Bananen und Gebrauchtwagen entschieden hatte, anstatt den dritten Weg in eine »wahre Zukunft« suchen zu gehen. Bei aller Entrüstung über die irdischen Bedürfnisse des DDR-Volkes vergaßen zumindest sehr viele Künstler und hervorragende Persönlichkeiten der DDR oft die Kleinigkeit, daß sie zumeist, wenn nicht ein Dauervisum, dann ein zeitlich begrenztes Visum, auf jeden Fall ein Visum hatten und daß sie ihren Westwagen schon lange fuhren, eben weil sie staatstreue Künstler waren, für die anderes galt als für die meisten Bürger der DDR. Sie konnten ihre Westwagen legal einführen oder bekamen ihre Autos aus den Sonder- und Staatskontigenten für Devisenautos über die Künstlerverbände oder über das Ministerium für Kultur zugeteilt. Für diese Arroganz gegenüber den Bedürfnissen breiter Schichten der Bevölkerung haben sie die Quittung bekommen. Das Volk kümmerte sich nicht mehr um ihre Pläne zur Weltverbesserung. Die Kluft zwischen Intellektuellen und Volk, die in den Novembertagen des Jahres 1989 verschwunden zu sein schien, wurde von Jahr zu Jahr größer. Heute ist der überwiegende Teil der DDR-Intellektuellen verschwunden, und kaum einer vermißt sie.

17

Also, wovon sollte ich leben? Ich begriff sehr bald, daß auch Standesprivilegien Geld sind. Meine 68er Freunde stellten mir ihre Erfahrungen zur Verfügung, die sie als Intellektuelle mit dem westdeutschen Wohlfahrtsstaat seit Mitte der siebziger Jahre gemacht hatten. Sie erklärten mir, daß viele Übergangsregelungen für die Ostdeutschen »Sonderangebote zur deutschen Einheit« seien, die ich unbedingt wahrnehmen müsse. Das Wichtigste sei, so insistierten sie, daß ich ins »soziale Netz« käme. Dazu müsse ich die Sonderregelungen wahrnehmen und mich als freiberufliche Künstlerin arbeitslos melden, was in der Bundesrepublik eigentlich nicht möglich ist, da Künstler hier selbständige Unternehmer sind. Sowie mein Literaturstipendium ausliefe, sollte ich daher zum Arbeitsamt gehen, was ich am Ende 1991, kurz bevor diese Übergangsregelungen ausliefen, auch tat. Geduldig erklärten mir meine 68er Freunde, die vornehmlich Soziologen, Politologen und Philosophen waren, daß mir das Arbeitsamt nichts schenke, daß ich einen Rechtsanspruch auf die Leistung vom Arbeitsamt hätte, daß auf dem Arbeitsamt Beamte arbeiteten, deren Pflicht es sei, mir zu meiner »Leistung« zu verhelfen. Eine Soziologin schenkte mir einen »Leitfaden für Arbeitslose«, der von der Fachhochschule für Sozialarbeit Frankfurt am Main alle zwei Jahre aktualisiert und noch heute herausgegeben wird. Nicht nur sie riet mir eindringlich, diesen Leitfaden ordentlich zu studieren, damit ich wisse, worum es ginge im Arbeitslosen- und Sozialhilferecht. Ich nahm ihre Ratschläge ernst und las neben Wolfgang Leonhard »Die Revolution entläßt ihre Kinder« nun den »Leitfaden für Arbeitslose«. Die Selbstverständlichkeit, mit der meine soziologischen Freunde aus der Bundesrepublik, die philosophisch allesamt aus der Frankfurter Schule kamen, mit der Arbeitslosigkeit umgingen, erleichterte mir den Zugang zu dem Metier sehr. Bald saß ich auf dem Arbeitsamt. Aufgrund meiner fachlichen Qualifikation saß ich im »Warteraum für Führungskräfte«. Das Wort erinnerte mich an »Führungskader«, so hießen die Kräfte in der DDR. Zu ihnen zu gehören, hatte ich mich zu DDR-Zeiten erfolgreich gewehrt. Daß meine Assoziation nicht abwegig war, erwies sich im Warteraum. Denn hier traf ich zehn Jahre nach dem Abgang aus meinem philosophischen Leben zum ersten Mal viele meiner früheren Kollegen aus dem Philosophischen Institut der Akademie der Wissenschaften wieder. Mein spontaner Ausruf: »Was macht ihr denn hier?« war eher unangebracht. Denn die Antwort fiel karg aus. Scham über den Ort und ein Bedrücktsein über die Abwicklung des Instituts für marxistisch-leninistische Philosophie mischten sich in Wut über die deutsche Einheit. Ich versuchte, das Gespräch auf einen sachlichen Bezugspunkt zu bringen. Ich fragte, ob sie schon ihre Stammnummer vom Arbeitsamt bekommen hätten, und amüsierte mich über die Wortkombination. Als sich auch damit die Situation nicht entspannte, zog ich mich in den zweiten Band von Wolfgang Leonhard zurück.

Die Tatsache, daß ich, zehn Jahre bevor die DDR zusammenbrach, aus dem Leben als angestellte Wissenschaftlerin ausgestiegen war, erleichterte mir jetzt den Übergang zu meinem freien Leben innerhalb der Bundesrepublik enorm. Ich war längst gewohnt, ohne Aufträge von einer Institution meiner Arbeit nachzugehen. Auch daß ich keine DDR-Schriftstellerin geworden war, machte mir den Übergang um einiges leichter, denn ich glaubte nicht an die gesellschaftliche Bedeutung meiner Person. Und lange schon hatte ich auch eine ironische Distanz zu dem, was ich bewirken konnte. Nicht daß ich meine Arbeit nicht ernst genommen hätte. Aber so wie ich früher meinen philosophischen Beitrag immer auch ins Verhältnis gesetzt hatte zu den Philosophen zumindest der europäischen Geistesgeschichte, so setzte ich das, was ich schrieb, ins Verhältnis zu Schriftstellern der Weltliteratur und wußte, mein Beitrag fiel doch eher bescheiden aus.

Ich mußte mein Leben noch einmal selbst in die Hand nehmen. Mit Emanuel oder allein, denn auch ihn würde die Macht der Familie nicht mehr lange vor dem rauhen Leben schützen können. Auch er müßte es demnächst allein oder mit mir zusammen angehen. Ich hatte meine großen Zweifel, ob wir es gemeinsam schaffen würden. Zu weit hatten wir uns entfernt. Wir taten, was wir beide eigentlich haßten, wir diskutierten, ohne etwas zu klären. Wir stritten um dummes Zeug. Die Situation zu Hause war für beide belastend. Ich fuhr auch um der Distanz willen nach Chile. Ja, auch um Abschied zu nehmen, fuhr ich in ein Land, dessen Diktatur gerade abgeschafft wurde. Außerdem hatte ich versprochen zu kommen, sobald es möglich würde. Auf dem Flug spielte ich mit der Idee, in Chile zu bleiben. An der Universität hätte ich vielleicht arbeiten können. Ich hatte in den letzten Jahren der DDR die chilenische Lyrikerin und Nobelpreisträgerin Gabriele Mistral entdeckt. Ich liebte ihre Gedichte um der Traurigkeit und Einfachheit willen. Ich hatte zig Gedichte der Mistral ins Deutsche übertragen und über ihre Entstehungsgeschichte gearbeitet. Darüber hinaus kannte ich gerade in Santiago de Chile neben Claude viele Chilenen, die mir geholfen hätten, dort Fuß zu fassen.

Claude holte mich vom Flughafen ab. Ich wohnte in seinem Haus in La Reina. Aber es war nicht der Claude aus Berlin, den ich 1991 wiedertraf. Vielleicht hatte auch ich mich nur sehr verändert, war selbständiger und freier geworden in meiner Urteilskraft. Vielleicht hatte ich die Vaterfigur relativiert, die der fünfzehn Jahre ältere Claude für mich auch immer war. Oder hatte ich die Enttäuschung nicht verwinden können, daß er mich nach den vielen Jahren, die unsere Beziehung andauerte, in gar keiner Weise in seine Entscheidung einbezog, als er mir seinen Entschluß, nach Chile zurückzugehen, eines Morgens bekanntgab?

Tagelang liefen Claude und ich am Ozean. Wir liefen von Valparaíso nach Viña del Mar und wieder zurück. Wir fuhren über La Serena nach Antofogasta. Am Rande der Wüste ließen wir uns nieder und schwiegen. Nach sieben Tagen und sieben Nächten standen wir wieder auf und beschlossen, nach Hause zu fahren, Claude nach Santiago de Chile und ich nach Berlin. Ich wollte einen neuen Anfang mit Emanuel versuchen.

Zu spät. Emanuel hatte eine Frau, eine Genossin, gefunden. Mit ihr wollte er nun weiterkämpfen. Ich versuchte, was zu versuchen war, um den Ehemann wiederzugewinnen. Zu spät. Wir trennten uns. Emanuel suchte sich eine Wohnung.

Ich packte meine Seesterne aus. In der Sonne am Ozean hatten wir sie getrocknet, Claude und ich. Sie rochen nach totem Fisch, noch wochenlang, und zogen die Fliegen an. Ich sortierte die Muscheln und tat sie in eine Schale aus Glas. Danach legte ich mich ins Bett. Ich wollte nie wieder aufstehen.

Da saß ich nun in meiner Sechszimmerwohnung. Mein Schloß hinter der Mauer sollte sie werden. Hatte ich zunächst darum gerungen, diese Wohnung zu bekommen, würde ich nun darum ringen müssen, sie zu behalten. Die ersten Mieterhöhungen waren bereits eingegangen, und es war abzusehen, daß weitere folgen würden. Gemietet hatte ich die Wohnung von 200 Quadratmetern für 172 Ostmark. Bald zahlte ich das Siebenfache und heute mehr als das Zehnfache. Inzwischen sind beinahe alle hochherrschaftlichen Mieter ausgezogen. Dafür kamen kinderreiche Familien, deren Miete das Sozialamt bezahlt. Ich beschloß, die Wohnung vorerst nicht aufzugeben. Ich wollte unbedingt einen festen Punkt haben, auf den ich zurückkommen konnte in all dem Umbruch, der stattfand, ohne daß ein Ende abzusehen war. Ich hatte die Idee, wenn ich diese Wohnung aufgäbe,

gäbe ich einen wichtigen Bezugspunkt zu mir selbst auf. Es war die erste Wohnung, mit der ich etwas zu tun hatte, weil sie mich von ihrem Grundriß her an das Haus meiner Großmutter erinnerte. In dieser Wohnung wollte ich meinem schreibenden Dasein einen Ort geben. Diesen Ort in diesem Moment aufzugeben, setzte ich mit persönlicher Kapitulation gleich. So begann die Odyssee der Untervermietung. Die Miete stieg und stieg. Bald stellte sich heraus, zwei Zimmer in meiner Wohnung zu mieten, konnten sich nur Westdeutsche leisten. Für Ostgehälter waren die Zimmer schlicht zu teuer. Auch hier halfen mir die 68er Freunde.

Mein erster Untermieter war ein Pfarrer aus West-Berlin, der den christlichen Glauben nun nach Ost-Berlin ins Beitrittsgebiet tragen wollte. Er spielte Geige, was mir guttat, denn er spielte sie recht ordentlich. Gelegentlich spielte er mit weniger Professionalität Klavier. Aber er sang ganz annehmbar die Kantaten entsprechend dem kirchlichen Kalenderjahr und die Messen von Bach vor sich hin. Gelegentlich stimmte ich in sein Gesinge ein. Dann summten wir beide durch die Wohnung. Das reichte uns an Kommunikation.

In der Zwischenzeit war der »schriftstellerische Ruhm« um mein Buch „Wenn ich kein Vogel wär« verflogen, die Publizität um den Film, der inzwischen Premiere hatte, auch. Ich hatte zu lernen, daß sich ein Buch als mediales und kulturelles Ereignis in etwa sechs Wochen verbraucht. Die Frage, wovon ich leben sollte, stand daher ganz unverhohlen wieder im Raum. Mein Schwiegervater war recht besorgt um mich, gerade in dieser Zeit, und stand mir nach dem Auszug von Emanuel bis zu seinem Tode immer bei. Eindringlich wiederholte er bei den verschiedenen Gelegenheiten, wenn ich die Wohnung nicht mehr halten könnte, könnte ich zu ihnen ziehen. In seinem Haus seien immer zwei Zimmer für mich frei. Sein Beistand tat mir unendlich gut. Und die Idee der zwei Zimmer in seinem Haus beruhigte mich, auch wenn ich sie nicht in Anspruch nehmen wollte, denn das Verhältnis mit der Restfamilie wurde schlechter, und ihre Eifersucht und ihr Neid auf die gerade nach der Trennung von Emanuel immer zärtlicher werdende Beziehung zwischen meinem Schwiegervater und mir wuchsen. Er machte kein Hehl aus seiner Zuneigung und war sehr froh, daß ich es geschafft hatte, in der Bundesrepublik zu publizieren. Er las auch weiterhin nicht, was ich schrieb, und ich auch nicht, was er veröffentlichte. Aber er kam etwa alle acht Wochen bei mir vorbei und brachte mir Blumen, wenn ich nicht in der Zwischenzeit bei ihm vorbeikam und Blumen brachte, bei dieser Gelegenheit erzählte, was ich schrieb und wie weit ich mit dem nächsten Buch sei. Er war sehr zufrieden, daß ich aus eigener

Kraft weitermachte, und sammelte selbst die kleinste Notiz aus den Zeitungen über mich, um sie mir zu geben.

Ich hatte eine Arbeit in einem Journalisten-Büro für Frauen angenommen. Es war eine Arbeits-Beschaffungs-Maßnahme und glich am ehesten einer Beschäftigungstherapie, die allerdings sehr gut bezahlt wurde. Ich sollte eine philosophische Arbeit über feministische Theorien in der Bundesrepublik schreiben. Es war mein erster Kontakt mit »unseren Menschen« seit etwa zwanzig Jahren. Im Laufe der Monate, da ich dort arbeitete, bekam ich eine vage Vorstellung, wieweit ich das realsozialistische Leben auch intellektuell überflogen hatte. Die Mehrzahl der dort arbeitenden Frauen kam aus dem sozialistischen Zeitungs- und Illustriertenbetrieb. Sie hatten in Leipzig Journalistik studiert oder gerade ein Germanistikstudium abgeschlossen. Sie waren nicht älter als dreißig und echte Kinder der DDR, die durch dic Wcndc arbeitslos geworden waren. Den Westen kannten sie nur aus dem Fernsehen oder aus der Presse. Hinter der Mauer groß geworden, hatten sie den Vorteil dieser Generation, die nicht angekränkelt war von der geistigen Schwäche bildungsbürgerlichen Gedankengutes. Sie gingen frisch und unbekümmert von sich aus und setzten sich über schon gedachtes Bildungsgut hinweg, darin bestand die enorme kreative Chance dieser Generation. Sie trug aber auch all die Nachteile in sich, die aus solcher Unbekümmertheit, gemischt mit provinzieller Enge im sozialistischen Bildungssystem, erwachsen kann, wenn die Kreativität ausbleibt.

In diesen Monaten, da ich dort arbeitete, und auch in den Monaten danach, wurde mir klar, daß ich in der jüdischen Familie atheistischen Glaubens, in der ich beinahe zwanzig Jahre gelebt hatte, auch intellektuell die DDR schon lange verlassen hatte. Die Weltläufigkeit der Familie und die Weltläufigkeit der jüdischen Intellektuellen, mit denen ich über Jahre im Gespräch gestanden hatte, hatten mich geprägt. Ich war in ihren Kulturkreis integriert. Ich liebte ihren Humor, ihre Witze und ihre Traurigkeit. Ich liebte ihre Intellektualität, die zumeist auch Schalk und Ironie in sich barg. Die oft unerschütterliche Immunität vieler deutscher Intellektueller in West und in Ost gegen Ironie und ihre Humorlosigkeit erstaunen mich mitunter noch heute. Auch deshalb festigte ich die intellektuellen Kontakte zu meinen jüdischen Freunden, die vornehmlich in den USA und in England leben.

Die Zeit beschleunigte sich in einer mir bis dahin nicht bekannten Weise. Ich weigerte mich, ihr Tempo anzunehmen. Ich versuchte, ihr ein Maß entgegenzusetzen. Ich versuchte, einen Rhythmus zu finden, damit mich diese Geschwindigkeit, in der alles um mich herum ablief, nicht zerrieb. Ja, nicht zerrieben zu werden,von dem, was ich »Ereignissturz« nannte, war mein Problem. Mit aller Kraft versuchte ich anzugehen gegen den Sog, in den ich geraten war, da Zeit in Zeit wegbrach. Ich konzentrierte mich, oder besser, ich stimmte mich auf einen Grundton, um nicht verlorenzugehen. Von ihm aus wollte ich eine Melodie ersinnen, die mich tragen konnte durch den Abbruch. Immer wieder hielt ich daher inne mitten in aller Geschäftigkeit und horchte, ob ich den Ton noch hörte. Denn ich wußte, hörte ich ihn nicht, lief ich Gefahr, wieder ins Bodenlose zu fallen. Aber durchdrehen war so ziemlich das einzige, was ich nicht wollte. Ich blieb also stehen, wenn ich statt meiner Melodie Stimmen hörte, schneidend hoch im Wind. Es waren die gleichen, die ich gehört hatte vor 28 Jahren, nachdem die Mauer gebaut worden war. Sie sprachen auch diesmal davon, ich müsse meinen Hochmut nun endlich fallenlassen, um mein Glück im Rudel zu finden, und endlich aufgeben, aufgeben …

»Denken ist Handeln«, diesen Hauptsatz der Klassischen Deutschen Philosophie hatte ich in der Deutschen Demokratischen Republik gelebt. So unauffällig wie irgend möglich wollte ich sein, um an dem von mir bevorzugten Ort, dem Arbeitszimmer, Ruhe und Konzentration auf meine Texte zu finden: Die schwarzen Kleider und die Tücher, die ich durch die Jahre trug; die langen Haare, hinter denen ich mein Gesicht verbergen konnte; die Beruhigungstabletten, die ich aß gegen die Angst und gegen meine Unbeherrschtheit, die ich schon lange nicht mehr Spontaneität nannte, gehörten auch dazu. Denn Spontaneität hatte mir mein Leben in der DDR immer wieder unerträglich schwer gemacht: nicht lauthals zu lachen, weil Lachen immer verdächtig blieb, nicht zu explodieren, wo ich doch zu Explosionen neigte. Mit einer bestimmten Dosis von Diazepan schaffte ich Abhilfe für beides. Da, wie ich gelernt hatte, alle zehn Jahre von der Pharmaindustrie eine neue Generation Tranquilizer erfunden wurde, schaffte ich es gerade so, von einer Generation zur nächsten zu kommen, bevor mein Körper gegen den auf dem Markt erhältlichen Wirkstoff wieder resistent geworden war. Die letzte neuentwickelte Tranquilizergeneration, die etwa 1987 auf den Markt kam, allerdings noch nicht in der DDR, besorgte mir der Geliebte über eine Ärztin aus Paris und später aus Chile, bis ich durch die Maueröffnung selbst in den Genuß kam, ihn mir in Deutschland verschreiben lassen zu können.

Außer den Depressionen, die eine Nebenwirkung der Tabletten blieben, war durch ihre Einnahme mein Reaktionsvermögen erheblich verzögert. Das war in der »Jetzt-Zeit« alles andere als praktisch, kam es doch nun auf schnelle Entschlüsse und einen klaren Kopf an. Denn andauernd war etwas zu entscheiden, andauernd kam eine Anforderung. In den ersten zwei, drei Jahren nach dem Mauerfall hatte ich noch die Idee, das ginge vorüber, wie ein Ausnahmezustand vorübergeht, danach kehre dann wieder Ruhe ein. Mitunter dachte ich in diesen ersten Jahren nach der Wende, in einer Theaterinszenierung zu sitzen, die schließlich irgendwann zu Ende sein müsse. Es dauerte, bis ich begriff, die 28 Jahre hinter der Mauer waren eigentlich der Ausnahmezustand, so sehr hatte ich mich in ihm eingerichtet.

Da die Qual der Selbstentscheidungen nicht nachließ, entschloß ich mich zu einem Tablettenentzug. Langsam ausschleichen, hieß das Rezept. In den Nächten, da ich kaum schlief, monatelang, schrieb ich an meinem Roman über die Kinder der roten Aristokratie, »Im Kreis«. Es war die Geschichte von Esther und von mir und meinem Leben im »ersten Sicherheitskreis«, wie ich das Leben in der DDR-Nomenklatura nannte.

Inzwischen war mein Untermieter, der Pfarrer, ausgezogen. Er hatte eine »Ostfrau« gefunden, wie er stolz sagte. Gemeinsam wollten sie eine eigene Wohnung beziehen. Das Problem der Untervermietung stand also wieder an. Ich bot dem Berliner Senat diesmal die Zimmer als Luxus-Appartement im Osten an. Nachdem sich ein Mitarbeiter der Behörde meine Wohnung angesehen hatte, bekam ich bald den ersten Beamten zugewiesen. Er war von der Bundesanstalt für Arbeit, 23 Jahre alt und kam aus Stuttgart. In Berlin-Marzahn, dem sozialistischen Neubaugebiet aus DDR-Zeiten, sollte er seine neudeutschen Kollegen einarbeiten. Dafür bekam er eine Menge Geld, denn schließlich war es Aufbauarbeit im Beitrittsgebiet, die er hier leistete, wie er mir später ohne jede Ironie erklärte.

Na großartig, dachte ich, jetzt habe ich das Arbeitsamt sogar in der Wohnung. Ich hütete mich zu sagen, daß ich gerade arbeitslos war. Ich stellte mich ihm als freiberufliche Schriftstellerin vor, was auch stimmte, nur daß ich, wenn Honorare oder Stipendien ausblieben, mich arbeitslos meldete.

Zur der Zeit, da ich an den ersten Beamten der Bundesanstalt für Arbeit untervermietete, schrieb ich also an dem Roman »Im Kreis«. Ich war auf Tablettenentzug und schlief kaum. Der junge Mann aus Stuttgart war sehr beeindruckt von meiner Arbeitswut. Da er nicht die geringste Ahnung hatte, daß ich arbeitslos war, argumentierte er mit mir als positivem Beispiel auf dem Arbeitsamt in Berlin-Marzahn, wo er die »Führungskräfte« und Künstler als Arbeitsberater betreute. Er sagte, wenn man wolle, schaffe man es auch. Er wohne nun schon mehr als ein halbes Jahr bei einer Künstlerin, die arbeite beinahe Tag und Nacht, und deshalb packe sie es auch. Als er mir das in der Küche erzählte, schlug ich die Augen nieder und dankte Gott, an den ich nicht glauben konnte, dafür, daß er nicht meinen Namen auf dem Arbeitsamt genannt hatte. Wir tranken an diesem Abend eine Flasche Rotwein zusammen. Dabei erfand ich Kati, eine arme Künstlerin, die sich selbständig machen wollte. Ich fragte ihn, ob er nicht wisse, wie sie das am gescheitesten anstellen könnte, um Überbrückungsgelder zu guten Konditionen vom Arbeitsamt zu bekommen. Er versorgte mich daraufhin mit den neuesten Bestimmungen des Arbeitsförderungsgesetzes und den Sonderbestimmungen für Ostdeutschland, um meinen armen Künstlerfreunden zu helfen. Er schickte die Bestimmungen noch, nachdem er längst wieder in Stuttgart war.

Sein Nachfolger arbeitete auf dem Arbeitsamt, auf dem ich registriert war. Zur Zeit, da er bei mir einzog, hatte ich glücklicherweise gerade ein Stipendium bekommen. Ich hatte also genügend Vorlauf, zu erfragen, wo genau er dort säße, um ihm auf dem Amt nicht zu begegnen. Denn irgendwann lief das Stipendium aus. Bis dahin blieb genügend Zeit, zu erfahren, wann er sein langes Wochenende plane, das meine Chance war, auf dem Arbeitsamt nicht von ihm gesehen zu werden. Bald wußte ich, jeden vierten Freitag des Monats hatte er Heimaturlaub, wie er sich ausdrückte. Ich konnte also meine Gänge zum Arbeitsamt mit seinem Heimaturlaub koordinieren. Denn ich hatte auch bei ihm die Befürchtung, wenn ich ihm sagte, daß ich arbeitslos sei, könnte er als Mitarbeiter der Bundesanstalt für Arbeit auf die Idee kommen, ich würde die Leistung des Arbeitsamtes mißbrauchen, da sich innerhalb der Wohnung nicht verheimlichen ließ, daß ich nicht nur nachts arbeitete, sondern auch tags, also während der Zeit, da ich dem Arbeitsamt zur Verfügung zu stehen hatte. Ein Mitarbeiter des Arbeitsamtes hatte mich aufgeklärt, daß ich als Schriftstellerin und Philosophin während der Zeit, in der ich dem Arbeitsamt meine Arbeitskraft zur Verfügung zu stellen hatte, keine Bücher schreiben durfte. Auf meine Frage, für welche Zeit das gelte, sagte er von acht bis achtzehn Uhr. Und so meldete ich mich bei Erhalt von Honoraren stets mit der Bemerkung ab, daß es sich um Honorare für Arbeiten handele, die ich außerhalb der Arbeitszeit geschrieben hätte, so sahen es Richtlinien der Bundesanstalt für Arbeit vor.

Provisorisch hatte ich mich also eingerichtet in den Verhältnissen, die es mir vorerst ermöglichten weiterzuschreiben. Das Pendeln zwischen Honoraren, Stipendien und dem »Leistungsbezug« des Arbeitsamtes hatte eine erste Normalität und Routine erreicht. Die Bedingungen waren nicht ideal, aber sie boten mir Konzentration, die ich zum Schreiben brauchte. Wenn ich finanziell überhaupt nicht mehr zu Rande kam, verkaufte ich Erstausgaben der Klassischen Deutschen Philosophie. Sie zu DDR-Zeiten zu sammeln war einerseits ein Tick, andererseits für die wissenschaftliche Arbeit notwendig gewesen, weil viele Werke der Klassischen Deutschen Philosophie in der DDR nicht aufgelegt wurden, wie beispielsweise die Hegelsche Religionsphilosophie. Sie erschien erstmalig im Sommer 1989.

18

Auch in den deutsch-deutschen Alltag fand die erste Normalisierung Eingang. Der historische Abbruch hatte an Geschwindigkeit verloren. Drei, vier Jahre deutsche Einheit waren durch das Land gegangen. Nicht nur unter meinen westdeutschen Freunden hatte sich die Idee festgesetzt, sie hätten einen persönlichen Anteil an dem, was da historisch auch über sie gekommen war. Sie hätten irgend etwas zur deutschen Einheit beigetragen. Eine Religionsphilosophin brachte es auf den Punkt, indem sie sagte: »Wir haben den Krieg gewonnen.« Als ich etwas erstaunt nachfragte, welchen, stellte sich heraus, sie meinte den kalten. Es hatte sich also auch unter den 68er Freunden ein nationales »Wir-Gefühl« in Sachen Sieg gegenüber den Ostdeutschen herausgebildet. Auch meine 68er Freunde verstanden sich unerwarteterweise als Gewinner in einem historischen Prozeß, der ohne sie abgelaufen war, für den sie nichts, überhaupt nichts getan hatten. Denn sie waren nicht nur höchst verwundert, daß hinter ihrem Rücken das sozialistische Weltsystem zusammengebrochen war. Sie waren bestürzt, daß ihre sozialistischen Ideale jenseits der Mauer wegbrachen, der Mauer, die sie, wenn überhaupt, nur für den Geburtstag bei Tante Elfriede oder für einen Theaterbesuch im Berliner Ensemble überschritten hatten. Nachdem sie sich von ihrem Schock erholt hatten, daß in der wirklichen Welt wieder etwas geschehen war, das sie nicht vorausgesehen hatten – der reale Niedergang der DDR als fiktiver Ort ihrer sozialistischen Utopien –, nutzten sie die historische Gunst der Stunde. Sie stilisierten sich zu Siegern.

Ich hatte also ihr Umtauschgeld, das sie für die Besichtigung des sozialistischen Staatszirkus in Ost-Berlin zahlen mußten, nicht umsonst verwaltet und ihnen die gesammelten Werke von Marx, Engels und Lenin über die Jahre gekauft. Die 68er Freunde hatten die entscheidenden Sätze über den Klassenkampf und ihre demagogischen Interpretationsmöglichkeiten gefunden.

Die Verständigung wurde schwieriger. Ich erfuhr in den Diskussionen, die bei solch verstiegenen Ideen nicht ausbleiben konnten, daß ich ab jetzt zu den Verlierern gehörte und daher von ihnen zu lernen hätte.

Und ich lernte, daß unsere freundschaftlichen Beziehungen ortsgebunden waren. Die Mauer war ihr Fundament gewesen. Sie dort, ich hier, das war der freundschaftliche Zement. Unsere Begegnungen glichen Begegnungen von Außerirdischen: Wenn wir uns trafen, erzählten sie mir von ihrer Welt, die ich nur vom Hörensagen kannte, ich erzählte ihnen von meiner, die sie nur vom Erzählen kannten. Aus der lebensweltlich nicht vermittelbaren Differenz war da Nähe entstanden. Doch überrascht von dem Zusammenbruch, hockten wir nun plötzlich in einer Welt. Das Dort entfiel. Die gleichberechtigte Beziehung als Voraussetzung für Freundschaft war verschwunden. Der Fall der Mauer hatte sie unter sich begraben. Auf ihrem Schutt wuchs die fixe Idee der »Sieger von Geschichte«, mit der mir meine 68er Freunde nun historisch überlegen entgegenkamen und mir gutwillig Lektionen gaben.

Glücklicherweise hatte ich durch meine Jahre bei den Heldenkindern einige Erfahrung mit dem Leben unter den Siegern der Geschichte. Ich stellte die politische Diskussion mit den historisch überlegenen 68er Freunden ein. Ich konzentrierte mich bei den Begegnungen mit ihnen auf den Alltag. Und da war eine Menge zu lernen. Schließlich war in meiner Küche nichts mehr, wie es zu DDR-Zeiten einmal gewesen war. Die Milch wurde nicht mehr sauer. Das Fleisch schmeckte nicht mehr nach Fleisch. Die Verfallsdaten auf den Konservenbüchsen waren keine Richtwerte mehr, die in der DDR bis zu zwei Jahren überschritten werden konnten. Darüber hinaus erfuhr ich, daß man Konserven nicht ißt, wenn es frisches Obst und Gemüse gibt. Ich lernte, Gemüse auf dem Markt zu kaufen und Aubergine von Aubergine zu unterscheiden, um sie allein oder mit Zucchini zuzubereiten. Ich lernte, Kiwi und Mango zu essen und mich in dem Überangebot von Nudeln, die, wie ich erfuhr, schon immer Pasta hießen, zurechtzufinden. Ich hörte von meinen psychologischen Freundinnen, daß ich bezüglich der Bad- und WC-Reinigung übertriebe und beinahe zwanghafte Züge von Sauberkeit hätte, die sicherlich mit meinen Jahren in der DDR zusammenhingen. Ich erfuhr, daß ein Putzmittel für den gesamten Haushalt hinreiche, wenn es phosphatfrei und daher umweltfreundlich sei, und daß man Spraydosen mit FCKW nicht kaufe. Und ich lernte, daß man in Blumenkästen auf dem Küchenfenster nicht Petunien pflanzt, sondern Rosmarin, Melisse und Basilikum.

Indem ich eine der wichtigen Thesen der 68er, »Das Private ist das Politische«, auf den Alltag unserer Begegnungen anwandte, blieb ein freundlicher Umgang mit ihnen möglich. Darüber hinaus erlernte ich rasch die Standards der westdeutschen Alltagskultur, die ich nicht mehr missen möchte.

Nachdem ich auch über die Konservierungsstoffe in Käse und in Wurst Bescheid wußte und verstanden hatte, warum man H-Milch nicht trinkt, wurde unser Gesprächsstoff spärlicher, da ich mich weiterhin weigerte, die Rolle der Verliererin und der geistig Behinderten anzunehmen. Der Gedanke, nach dem Niedergang der DDR schon wieder die Dumme zu spielen, schien mir absurd. Auch sah ich keinen Grund, plötzlich Rechtfertigungen für mein Leben in der Deutschen Demokratischen Republik zusammenzusuchen. Meine psychologischen Freundinnen sahen ein Symptom von Verdrängung in meiner sturen Haltung. Sie waren besorgt um mich. Damit konnte ich leben. Ich war intellektuell durchaus auf der Höhe der bundesdeutschen Zeit. Soweit ich mich in den westdeutschen Sozial- und Geisteswissenschaften umgesehen hatte, standen hier Dilettantismus, Projektmacherei und wissenschaftliche Leistung nebeneinander wie anderswo auch. In den Sozialwissenschaften gab es nach meinem Eindruck weniger Stringenz im Denken als bei den Geisteswissenschaftlern. Dafür gab es bei den Sozialwissenschaftlern, besonders bei denen, die sich selbst »Linke« nannten, mehr politischen Schutt aus der Zeit des kalten Krieges abzutragen. Die Geisteswissenschaftler, so schien mir, hatten fachlich die solidere Ausbildung und standen mir als Philosophin ihrer Gewohnheit zu denken wegen näher.

Inzwischen fragte mich eine Journalistin erneut, wie es mir als Frau ginge. Ich gebe zu, daß ich ihre Frage nach vier Jahren gelebter Einheit als alleinstehende Frau in Deutschland neu verstand. »Schlecht«, antwortete ich. »Erstens finde ich es unerhört, daß man mir einreden will, ich hätte mit fünfzig beruflich keine Chancen mehr, ich sei, wie es im Amtsdeutsch heißt, schwer vermittelbar. Zweitens finde ich es unerträglich, daß sich unbefriedigte Ehemänner bei mir ausheulen wollen und die Vorstellung haben, mir damit auch noch einen Gefallen zu tun. Daß darüber hinaus Männer bis neunzig glauben, sie seien unwiderstehlich, allein weil sie der Spezies ›Mann‹ angehören, ist ebenfalls nicht zu ertragen.« Warum sich so viele Frauen das Macho-Gehabe und einen respektlosen Umgang bieten lassen, darüber denke ich seit einiger Zeit nach.

Daß Emanuel ausgezogen war, war nun drei Jahre her. Ich hatte mich an das Alleineleben nach beinahe zwanzig Jahren Ehe noch immer nicht gewöhnt. Ich kochte zuviel oder gar nicht. Ich verstand nicht einzukaufen für eine Person und schmiß unentwegt Lebensmittel weg.

Ab und zu traf ich Emanuel, auch weil wir bürokratisch durch die Steuer, das Finanzamt und die Wohnungsbaugesellschaft verbunden waren. Außerdem dauerte es, bis wir beide die Gewohnheit aufgaben, auch intellektuell Probleme miteinander zu diskutieren. Mitunter gab es zaghafte Versuche der Näherung von beiden Seiten. Aber es führte kein Weg zurück. Die gegenseitigen Verletzungen waren zu groß. Emanuel konnte nicht verstehen, daß ich nur seinetwegen im Osten geblieben war. Es schmeichelte ihm nicht, im Gegenteil, er war entsetzt. Er hatte sich über die Jahre die Illusion gemacht, daß ich eingesehen hätte, der Sozialismus sei zumindest historisch die bessere Alternative. Daher hätte ich auch in der Wende für seinen Erhalt einstehen müssen. Ich hingegen konnte nicht verstehen, warum er sich nach 1989 nicht als Wissenschaftler in die deutsch-deutsche Einheit einbrachte. Warum er nicht über die großen Verwerfungen und den Zusammenbruch des sozialistischen Weltsystems schrieb. Schließlich hatte er jahrelang über Krisenzyklen in der Geschichte und in der Gegenwart geforscht. Jetzt, wo die Krise auf der Straße lag und er täglich neue Erfahrungen mit ihr machen konnte, interessierte er sich weder für Krisen noch für ihre Zyklen. Anstatt fasziniert zu sein, daß das Leben ihm zeigte, wie eine Krise imstande ist, Bewegung in die Gesellschaft zu bringen, fühlte er sich persönlich von dem historischen Bruch beleidigt, und er stellte seine Arbeit als Wissenschaftler ein. Das konnte ich nicht verstehen, oder klarer, ich konnte ihm nicht verzeihen, daß all sein wissenschaftliches Interesse ein politisches war. Der Grundkompromiß unserer Beziehung war unter den neuen gesellschaftlichen Bedingungen nicht wiederzubeleben. Es dauerte, bis wir beide zu dieser endgültigen Erkenntnis kamen. Und es dauerte auch, bis ich mit dem Alltag allein einigermaßen zurechtkam.

Ich entdeckte meine Freude an der Technik. Bald nachdem Emanuel ausgezogen war, hatte ich mir einen neuen Computer gekauft. Es verunsicherte mich zutiefst, daß Emanuel meine Texte nicht mehr Korrektur lesen konnte, da ich sehr viele Flüchtigkeitsfehler beim Schreiben mache. Die Idee eines Rechtschreib-Korrekturprogramms beruhigte mich, auch wenn ich bald einsehen mußte, daß es unzulänglich war. Meinen ersten Computer, den ich 1987 aus den USA mitgebracht hatte, behielt ich noch einige Zeit, aus Anhänglichkeit und Erinnerung an meine USA-Reise, die für mein Leben so nachhaltig gewesen war. Den Roman »Im Kreis« aber schrieb ich von der ersten bis zur letzten Zeile auf dem neuen Computer. Ich verstand die Vorbehalte meiner 68er Freunde gegenüber der Elektronik nicht. Ihre Argumente der zunehmenden menschlichen Entfremdung, die durch den Umgang mit der Elektronik im Alltag einzöge, schienen mir absurd angesichts der Möglichkeiten, die die Mikroelektronik freisetzte. Die Technikfeindlichkeit meiner 68er Freunde erinnerte mich an die Diskussion der deutschen Frühromantik um 1800. Gegen das Aufkommen der »großen Industrie« setzten sie ihre Kritik, daß die wahre menschliche Beziehung durch die Maschinerie zerstört werden würde. Ich war sehr zufrieden mit den Erfindungen der Elektronik und sah in der Arbeit, die der Computer für mich leistete, eine immense Erleichterung.

Der Roman »Im Kreis« wurde Ende 1994 fertig. Meine Schweizer Agentin bot das Manuskript an. Das Resultat war ernüchternd, der Roman fand keinen Verlag. Meine Agentin war enttäuscht, nachdem mehrere Verlage mein neues Buch »Im Kreis« abgelehnt hatten. Ich bat sie, mir die Absagen, soweit sie schriftlich waren, zu schicken. Ich war irritiert, nicht über die Ablehnungen an sich, sondern über den Begründungskonsens für abgelehnte Manuskripte in deutschen Verlagen. Da war eine Gleichheit in der Logik der Argumentation zu konstatieren, die ich nicht vermutet hatte. Sie hing mit Ideo-Logischem zusammen.

Als mein Roman »Wenn ich kein Vogel wär« von den ostdeutschen Verlagen abgelehnt wurde, schrieb ein heute aufgekaufter ostdeutscher Verlag: »... Leider ist der Autorin der durchaus lohnenswerte Versuch, sich mit der Zeit 1953, also nach Stalins Tod, auseinanderzusetzen, nicht gelungen. Die Haltung der Romanheldin ist unentschlossen, sie ist emotional nicht nachvollziehbar und logisch nicht eindeutig in ihrem Bekenntnis zur DDR ... Wir hier im Verlag (...) stellen uns die Auseinandersetzung mit der historisch komplizierten Zeit des Aufbaus der sozialistischen Gesellschaft doch parteilicher, das heißt sozialistischer, und damit realistischer vor, mehr an den geschichtlichen Tatsachen orientiert.« Das war 1986, Ort: Berlin-Ost.

Ich legte diese Absage neben die Absagen, die mir meine Agentin zu dem Roman »Im Kreis« gegeben hatte. In einer hieß es vom Gutachter: »Ich finde das Manuskript von Rita Kuczynski in seiner allegorischen Form nicht modern genug für, sagen wir, die Auseinandersetzung mit einem autoritären Staat. Ich glaube jedenfalls, wir hier im Verlag (...) müssen da andere Formen finden, wie diese Auseinandersetzung geführt werden muß.« Das war 1994 im vereinten Deutschland.

Ich ließ die Gutachten aus ost- und westdeutschen Verlagen einige Wochen auf meinem Arbeitstisch liegen. Ich wehrte mich innerlich gegen eine Pauschalisierung, daß es hüben wie drüben das gleiche Dilemma sei mit dem deutschen Geist. Ich nahm zur Kenntnis, daß ich weder hier noch dort dazugehörte. Auch im vereinten Deutschland würde ich die Einzelgängerin wider Willen bleiben müssen.

Zur Erholung von deutschen Umständen bewarb ich mich um Stipendien in den USA und bekam eines vom Council for European Studies der Columbia-Universität New York. Ich las aus dem Buch »Im Kreis«. Ich hielt Vorträge über die deutsche Zensur in der Literatur. Ich reiste mit dem neuen Roman durch die Staaten. Am fünften Jahrestag der deutschen Einheit lief ich mit einem guten Freund aus Buffalo zu Fuß über die Grenze von den USA nach Kanada, um die Niagarafälle von der kanadischen Seite anzuschauen und um ein Eis zu essen. Ich war froh, weit weg von Deutschland zu sein. Ich mußte nachdenken, wie und woher ich die Kraft zur Einzelgängerin auch unter den neuen Bedingungen finden konnte. Auf meiner Reise lernte ich, mit der E-Mail umzugehen. Ich war fasziniert von der Idee, über den Computer zu jeder Zeit mit den Freunden über das »Netz« verbunden sein zu können. Auch die Möglichkeit, über das Internet weltweit Informationen abzurufen und aus meinem Arbeitszimmer in Berlin weltweit an Diskussionsforen teilzunehmen, fand ich großartig. Ich verstand auch hier nicht die Bedenken der 68er Freunde, die meine Amerikanisierung befürchteten.

Esther habe ich in den USA nicht wiedergesehen. Ihr Ehemann, der Rabbiner, ließ nicht zu, daß ich bei ihnen wohnte. Ich war sehr frustriert, denn gern hätte ich Esther in »ihrem Amerika« erlebt.

Zwei Tage nach meiner Ankunft in New York bekam ich von ihrem Ehemann einen Anruf, daß ich nicht kommen könne. Es ginge nicht, er fühle sich nicht gut, außerdem seien jüdische Feiertage. Ich verstand Esther nicht. Wie weit hatten wir uns entfernt voneinander? Ich reiste durch die USA und las aus ihrem Roman, und es war auch die Geschichte unserer Freundschaft. Ich nahm ein zweites Mal Abschied von Esther. Er war endgültiger. »Mitunter ist das Ende das Ende und weiter nichts«, schrieb ich auf einen Zettel und legte ihn in den Koffer. Die hohen jüdischen Feiertage verbrachte ich bei jüdischen Freunden und ihrer Familie, danach buchte ich meine Flüge um.

Mit einem Notizblock, voll mit E-Mail-Adressen, kam ich zurück nach Berlin und besorgte mir ein Fax-Modem. Per E-Mail bedankte ich mich bei meinen Freunden in den USA für die gute Zeit, die wir miteinander verbracht hatten, und für ihre Gastfreundschaft. Ich war zufrieden, mit ihnen nun über das »Netz« weltweit in Verbindung zu sein.

Die deutsch-deutschen Empfindlichkeiten fünf Jahre nach der Einheit hatten zugenommen. Nach längerer Abwesenheit vom deutsch-deutschen Spielplatz fiel es mir wieder auf. Fünf Jahre nach der deutschen Einheit war zusammengewachsen, was besser nicht zusammengewachsen wäre; der ostdeutsche Minderwertigkeitskomplex, lebenslänglich die falsche Währung gehabt zu haben, mit der realen Hilflosigkeit nach dem Zusammenbruch der DDR, in der der Arbeitsplatz nicht nur sicher, sondern Gesetzespflicht war. Die Mentalität der im Leben zu kurz Gekommenen, die bei vielen DDR-Bürgern Alltagsverhalten gegenüber ihren westdeutschen Brüdern und Schwestern war, nahm nicht ab nach dem Mauerfall, sie nahm zu. Sie galt nun nicht mehr den von der Steuer absetzbaren Carepaketen, sondern dem Solidarbeitrag und dem DM-Transfer. In den Jahren nach der Einheit haben die Ostdeutschen gelernt, daß der Solidarbeitrag eine ihnen zustehende Leistung sei, eine gerechte Forderung, die sie zu begründen lernten. Denn wären die Gebiete östlich der Elbe und mit ihnen 17 Millionen Ostdeutsche vor fünfzig Jahren nicht den Sowjets geopfert worden, um in den Trizonen eine freiheitliche Entwicklung zu ermöglichen, wäre es den westdeutschen Brüdern und Schwestern nie so gut gegangen. Wo die Westdeutschen daher ihre Pflicht zur Wiedergutmachung nicht akzeptieren, schlägt das Verhalten der Ostdeutschen um in Aggression.

Bei vielen westdeutschen Intellektuellen hingegen hatte sich in fünf Jahren deutscher Einheit die Idee festgesetzt, daß das, was sie fünfzig Jahre taten, das Rechte und das einzig Richtige sei. Daß sie über Jahrzehnte ihre Lektionen in Sachen Demokratie von eben ihren Besatzungsmächten bekamen, wobei ein halbwegs ordentlicher Rechtsstaat zustande gebracht wurde, wird historisch unerheblich. Wie die meisten Glückskinder fragten sie sich nicht, woher ihr Glück kam, sondern verallgemeinerten frisch und frei und vergaßen dabei die Lektionen Demokratie und Rechtsstaat, die sie durch die Besatzungsmächte erhalten hatten.

Aber nicht nur bei den Westdeutschen verschoben sich geschichtliche Konturen. Auf der Suche nach Identität gerieten auch bei vielen Ostdeutschen die historischen Abläufe durcheinander. So kamen sie von dem Gedanken nicht mehr los, sie seien von den Westdeutschen erobert worden: Nicht der Sozialismus in der DDR sei zusammengebrochen, weil er als Teil des sozialistischen Weltsystems mit in den Bankrott ging, sondern die DDR sei von der BRD vereinnahmt worden. So wurde die Treuhand, die im Frühjahr 1990 nahezu die gesamte Wirtschaft des noch pro forma bestehenden sozialistischen Staates übernahm, zum Ausgangspunkt des Bankrotts gemacht. Die Treuhand wurde in vielen Köpfen der DDR-Bürger der böse Geist, der die Betriebe der DDR auf dem Weltmarkt nach dem Zusammenbruch des sozialistischen Lagers verschleuderte. Die Tatsache, daß die Betriebe nach dem Zusammenbruch des sozialistischen Weltsystems auf dem Weltmarkt nichts mehr wert waren, wurde nicht wahrgenommen. Das soll nicht heißen, daß es bei der Treuhand nicht auch Betrug und Verschwendung gegeben hätte. Aber die historische Abfolge war: Zuerst brach die DDR wirtschaftlich zusammen, dann übernahm die Treuhand die Konkursmasse von etwa 8000 Firmen und vier Millionen Arbeitnehmern, unter anderem weil sich die Ostdeutschen in einer freien Wahl für den Beitritt zur Bundesrepublik entschieden hatten.

Natürlich lag der Anpassungsdruck zunächst bei den Ostdeutschen. Aber die Ursachen des Niedergangs der DDR waren zuerst und zuletzt weder in der DDR und schon gar nicht in der ehemaligen Bundesrepublik zu suchen, sondern lagen im Niedergang des sozialistischen Weltsystems, von dem die DDR immer nur ein Teilstaat war. Wenn die Ostdeutschen sich mitunter verhalten, als seien sie erst jetzt in eine Besatzungszone geraten, wird außerdem die Tatsache verkannt, daß die sozialistische Staatengemeinschaft an der Globalisierung durch die Mikroelektronik zerschellt ist.

Bei der Bewältigung eben dieser Globalisierung haben alle Bundesdeutschen demnächst ihre Anpassungsfähigkeiten unter Beweis zu stellen. Hier haben die Ostdeutschen gegenüber den Westdeutschen nun einen erheblichen historischen Vorlauf. Daß nichts bleiben wird, wie es einmal gewesen ist, haben sie, mitunter leidvoll, erfahren. Die

Westdeutschen werden daher bald Gelegenheit haben, ihre Anpassungsfähigkeit und Mobilität, die sie bei den Ostdeutschen mitunter zu Recht vermissen, weltweit unter Beweis zu stellen.

Ich war also wieder angekommen auf dem deutsch-deutschen Spielplatz und dem innerdeutschen Gezänk, in das mich einzuordnen mir schwerfiel. Eine sogenannte ostdeutsche Identität hatte ich nie gehabt, sie mir nachträglich zu erfinden, ging nicht, jedenfalls nicht für mich. Von meinen alten 68er Freunden trennte mich nach dem Mauerfall mehr, als ich erwartet hatte. Auf der Suche nach meiner Identität begann ich, einen neuen Roman zu schreiben. Meine psychologischen Freundinnen meinten, ich sei nicht lernfähig. Nachdem mein Roman »Im Kreis« nicht erschienen war, müßte doch selbst ich einsehen, daß es so nicht weiterginge. Ich sollte das Romane-Schreiben endlich aufgeben, schließlich könnte ich davon nicht leben.

Immerhin hatte ich schon so viel gelernt, daß ich eingesehen hatte, was ich zum Leben brauchte. Daß das Schreiben mein Leben ist, klang zu pathetisch, um es auszusprechen. Da kein Stipendium und auch kein Honorar in Aussicht waren, meldete ich mich zunächst wieder arbeitslos und schrieb einen neuen Roman. Dabei vergaß ich nicht, mich beim Arbeitsamt regelmäßig zu melden, um meine Bereitschaft zu bekunden, weltweit tätig zu sein.

Da die ostdeutschen Mitarbeiter auf den Arbeitsämtern inzwischen soweit eingearbeitet waren in das »Metier Arbeitslosigkeit«, daß sie sich allein zurechtfanden, nahm die Zahl der Beamten ab, die nach Berlin kamen. Der Senat machte mir wenig Hoffnung auf neue Untermieter, weil ihr Programm der Aufbauhilfe ohnehin ausliefe. Die Mieten stiegen noch immer in Ost-Berlin. Ich hatte gar keine andere Chance, als auch weiterhin zu vermieten oder umzuziehen. Für einen Umzug fühlte ich mich nicht stark genug. Noch immer gab es Stunden, da ich nicht sicher war, ob das, was geschehen war und noch immer geschah, nicht Teil einer größeren Inszenierung war, von der nur ich nicht wußte, in welchem Akt ich mich befand und welches meine Rolle in dem Stück war, dessen Titel ich nicht kannte. Daher sollte zumindest die Wohnung ein Ort sein, der mir durch die Gewohnheit vertraut blieb.

Gerade weil ich unsicher war, in welchem Stück ich mich befand, mußte ich ein eigenes Stück erfinden. Ein »Stück«, in das ich mich einfinden konnte, Tag für Tag, damit es auch mit mir weiterging. Ich erfand also Figuren, ich gab ihnen Namen, mit denen sie einverstanden waren. Ich ersann einen Ort, an dem wir uns trafen, Tag für Tag. Bald wurden die Figuren selbständig, widersprachen und bestanden auf eigenes Leben. Bald brauchte ich nur noch genau hinzuhören, um aufzuschreiben, was sie sagten und was sie taten. Der Roman schrieb sich beinahe von allein. Aus meiner Erfahrung mit dem Schreiben wußte ich, das war ein gutes Zeichen.

Während ich an dem Roman schrieb, hatte ich an das Goethe-Institut vermietet. Aber ich war derart in den Text vertieft, daß ich die Vermietung vergaß. So war ich mitunter irritiert von dem Geschehen in meiner Wohnung. Auf dem Flur begegneten mir Studentinnen, sie sagten artig »Guten Tag«. Erschöpft vom Jogging, liefen sie mit ihren Schweißbändern um die Stirn an mir vorbei in ihr Bad und stellten weiße Turnschuhe ins Fenster. Mitunter fragten sie, ob sie kochen dürften oder ob ich ausnahmsweise ihre Schularbeiten nachsehen könnte. Nicht immer wußte ich, woher und wohin mit ihnen, aber ich wußte, zu dem Roman gehörten diese guterzogenen Kinder der Yale University oder der Oxford University nicht. Denn meine Romanfiguren waren doch eher gestrauchelt und vom Leben aus der Bahn geworfen worden, sie hatten die Welt von ihrer derben Seite erfahren müssen. Sie lebten am Rande der Gesellschaft und hatten sich, um zu bestehen, in einer »Selbsthilfegruppe für Spätaussiedler« zusammengetan.

Der Roman war schneller fertig geworden, als

ich dachte. Ich verbot mir, darüber nachzugrübeln, was geschehen würde, wenn er nicht erschiene. Mir gingen die Worte von Ingeborg Bachmann über das Schreiben im Kopf umher: »Es ist eine seltsame, absonderliche Art zu existieren, asozial, einsam, verdammt, es ist etwas Verdammtes daran, und nur das Veröffentlichte, die Bücher werden sozial, assoziierbar, finden einen Weg zu einem Du.« Ich fürchtete mich, den Roman aus der Hand zu geben, nach der Erfahrung mit dem letzten. Aber ich mußte es tun. Meine Schweizer Agentin war in der Zwischenzeit sehr krank geworden. Sie war immerhin an die Achtzig, was auch ich vergessen hatte bei ihrer quirligen Lebensart. Ich gab das Manuskript einer neuen Agentin. Sie brauchte keinen Monat, bis sie für meinen Roman »staccato« einen Verleger gefunden hatte. Das war im Oktober 1996. Im März 1997 zur Frühjahrsmesse sollte der Roman schon erscheinen und erschien auch.

Nachdem cin Teil des Honorars auf meinem Konto angekommen war, ging ich zum Arbeitsamt, um zu erklären, daß ich meine selbständige Tätigkeit als Schriftstellerin wieder aufnähme. Es war abzusehen, daß zwei bis drei Stunden vergehen würden, bis meine Wartenummer in der grünen Leuchtanzeige über der Tür aufblinken würde. Wie immer hatte ich mir genügend Lektüre mitgenommen, um diese endlose Wartezeit sinnvoll zu überbrücken. Die verbrauchte Luft im Raum und der monotone Singsang, mit dem in der Leuchtanzeige die aktuelle Wartenummer und das Zimmer aufleuchteten, in dem der Besucher sich einzufinden hatte, machten mich schläfrig. Und für Sekunden hatte ich wohl auch tatsächlich geschlafen und den Warteraum, in dem ich saß, vergessen. Auf jeden Fall brachte ich aus dem Halbschlaf einen Satz mit, den ich sofort aufschrieb: »Ich liege noch nicht auf der Straße, die Straße liegt vor mir!« Je länger ich diesen Satz hin und her drehte, um so deutlicher hörte ich eine Melodie aufsteigen, die sich zu einem Tonsatz ausweitete. Er stand in F-Dur. Ich hörte den ganzen Tonsatz. Je länger ich ihn hörte, desto mehr strebten die Töne aufeinander zu. Sie wollten gebunden sein. »Legato« heißt solch eine gebundene Vortragsweise. Takt für Takt ließ ich in mein Gedächtnis fallen, um das Gehörte festzuhalten. Ich wußte, was ich hörte, war der tonale Grundsatz eines neuen Romans. Einige Tonfolgen schrieb ich auf und gab Variationen dazu. Dann legte ich den Zettel in mein Portemonnaie.

Nachdem ich auf dem Arbeitsamt meine freiberufliche Tätigkeit wieder aktenkundig gemacht hatte, ging ich nach Hause und schrieb auf Notenpapier, was ich gehört hatte. Ich legte das Blatt auf den Schreibtisch. Danach holte ich aus der untersten Schublade desselben Schreibtisches das

Schlaf- und Betäubungsmittel »Phenobarbital«. Der Geliebte hatte es mir aus Chile zukommen lassen. Während ich an dem Roman »staccato« schrieb, war es verfallen. Ich konnte es nicht über die Apotheke entsorgen lassen, es waren über fünfzig Gramm. Fragen nach dem Woher wären nicht ausgeblieben. Ich trug das Gift in den Container für Hausmüll.

Die Töne sind in pausenloser Folge aneinandergebunden zu spielen, las ich in einem Wörterbuch für Musik. Ich hörte das »Legato« aus meinem Tonsatz wieder, ihn aus der Musik in eine Erzählung zu transponieren, würde etwa zwei Jahre dauern.

Danksagung

Für ihren Zuspruch, ihre Geduld und für die vielen sachdienlichen Hinweise zu diesem Buch möchte ich mich bedanken bei:

Ute Bredemeyer
Wilma und Georg Iggers
Jürgen Kocka
Hans-Peter Krüger
Hanna-Renate Laurien
Hilge Landweer
Elizabeth Pond
Peter Schneider
Tamara Schoenbaum-Holtermann
Helga Schultz
Carola Stern
Heinz Zöger